實用心理學講座

22

積極力

多湖輝／著
陳蒼杰／譯

大展出版社有限公司

序言

位於相撲界橫綱之位的北之海敏滿先生，曾被他人以「能力過強、故不受歡迎」這句話來形容，由於他極年輕時就登上橫綱之位，因此常受重任或壓力所擾。他的著書中曾提到，處於不能輸的立場時，才了解欲維持不敗的地位有多難，這種感覺使他有時也會厭惡相撲。

當他消極時，也會陷入逃避或守備的狀況中，但基本上，他仍堅持著「積極相撲」的理念。也就是說，在比賽中與對方交手的那瞬間，要積極地往前跨步。這正是他「持續獲勝」的秘訣。

有句話說「攻擊乃是最佳的防禦」。確實，在和對方交手時，積極地往前跨步，自然能掌握致勝先機。而且往前跨步的動作愈敏捷，則不論對方如何使用叩倒或轉身等閃躲技巧，也無法在他身上發揮作用。為求勝利，應該盡己之力積極往前跨步，此乃

ΩΩΩΩΩΩΩΩΩΩΩΩΩΩΩΩΩΩΩΩΩΩΩΩΩ

其致勝哲理。

關於他向前跨步的軼事，的確可供給想成為「積極者」的人參考。在這個世界上，存在著無論做任何事，都能以自信的態度去對應，努力拓展人際關係的「積極者」。但另一方面也有凡事膽怯、消極、內向又懦弱的「消極者」。

或許我這樣描寫，各位會認為這兩種極端典型者之間的差距一定很大，其實不然。消極者與積極者之間的差距正如前面所述，只差一步而已。也就是說，只要能掌握契機，積極向前邁進就可以彌補。只要樂觀地認為我只差一步，那麼相信各位都可以成為積極者。

商業界分秒必爭，倘若以消極的態度，逃避的姿態對應，必將失敗。欲克服問題之「積極力」的泉源，乃是「勇往直前的決心」。最近為配合發行「培養提高『工作力』之『心』」系列，我將過去曾出版過的『擁有積極力之書』改名為『積極力—湧出幹勁之「勇往直前的決心」』，並更正一些內容，重新出版。

ΩΩΩΩΩΩΩΩΩΩΩΩΩΩΩΩΩΩΩΩΩΩΩΩΩ

ΩΩΩΩΩΩΩΩΩΩΩΩΩΩΩΩΩΩΩΩΩΩΩΩΩΩΩ

本書提出使人陷入消極的五種原因，分別探討並提出因應對策。這五種原因如下：①缺乏氣力型、②缺乏行動力型、③悲觀主義型、④缺乏自信型、⑤肉體能量不足型。您究竟屬於哪一型？或是具有多重典型？閱讀此書後，您將能明確了解且找出因應對策。

同系列的其他二本書為『集中力』與『精神力』，若亦對提高讀書的「工作力」有所助益的話，筆者將感到萬分欣慰。

多湖　輝

ΩΩΩΩΩΩΩΩΩΩΩΩΩΩΩΩΩΩΩΩΩΩΩΩΩΩΩ

ΩΩΩΩΩΩΩΩΩΩΩΩΩΩΩΩΩΩΩΩΩΩΩΩΩΩΩΩ

ΩΩΩΩΩΩΩΩΩΩΩΩΩΩΩΩΩΩΩΩΩΩΩΩΩΩΩ

目錄

第二章 不入虎穴，焉得虎子

——不要多慮，先做了再說

第三章　有備無患

——善加利用怯懦、不安

第四章　建設之前必有破壞

——扭轉負面的條件

第五章　重視穿著
——改變動作、外觀

第一章
千里之路始於足下
——重整出發的環境

從被窩一躍而起，動手推開房門做起

有好的開始，事情就會順利進行到最後。相反的，開頭不順時結果也將慘不忍睹。累積這樣的體驗，所以有「善始則善終」的俗諺。

的確，在心理學上來說，關於起始的成功體驗，或廣泛來說，關於起始時精神能源的提升，將延伸至人們往後的行動，而給予行動帶來整體蓬勃的生氣。

一日之始，也正是工作頭緒、與人交往的開端，像這樣若是能拿出高昂的鬥志，只要持續一段時間的工夫，你的心將能經常保持積極的力量。

一日之計在於晨，此自不迨言。誰都有這樣的經驗：早上遇到不如意的事，或身體不舒服，那一整天都會感覺做什麼都不順心。反之，在上班途中，因讓位給老人，而受到感謝的事，使自己籠罩一點愉悅的心情時，即使在公司有困難的工作，也能意外地迎刃而解，一天就積極、充實的度過。總之，一天開頭時心態如何，那一天結果也將隨之截然不同。

所以，想要培養積極力的話，首先，不妨由早晨從被窩中一躍而起開始吧！早晨一覺醒來，就下定決心「今天要好好地幹！」然後由掀開被褥，一躍而起，將這個決心化為具體動作，也許是不起眼的事，但絕不只是「象徵性的行動」罷了。

要以一種行動來顯示自己的決心、信念，藉以固定你堅毅的想法。大聲喊出「我要工作！」看看；或在牆上貼「努力」等標語試試；還有企業中重視朝會，大聲合唱出公司訓詞等等，這些都屬於「象徵性行動」的一種。

只要「掀開被子，拍！一聲起床」，如此，就能確實提高當日積極行動所需的「精神能量」。然後，每天持續下去，你會發現心中自然而然具備了積極力。相反的，若想著「起床？不起床？」那樣反反覆覆賴床，就別指望什麼積極力了。

一大早，提高精神能量的方法，倒有幾個可供參考：從被窩中飛躍起身，親手推開門窗是方法之一。縱使前一天有令人不快的事，使心情極度低落消沈，只要在開窗後，對早晨的空氣做一個深呼吸，試試將身心沐浴於晨光中。

只是這樣的動作，保證有「今天又是個新的開始」的心情，甚至「今天要大幹特幹」的意志也會油然而生。

所謂用自己的手開窗戶，正是改變消極的人生、由容易墮落、習慣給別人幫忙的被動模式跳脫出來。例如：在睡夢中，有人打開窗戶，使光線照射進來，通常會有「別管我！」這樣的情緒出現。然而，若能由這樣負面的生活態度，轉變為自發性的生活態度，卻是相當必要的。

小孩的情況也是如此，若是由父母提醒著「去做功課」，這樣一來，多半就失了自動做功課的意願了吧！

雖然心裡一直知道不做功課不行，只差付諸實行而已。但懷著這樣的心情，一旦由別人來說「用功去！」那麼，連自己知道該用功的自發性想法，也會被否定掉。

試著由這些模式中跳脫出來，即使以打開窗戶的行為開始也行，就從自己最初的動機，照自己的意志出發吧！

以一首屬於自己、代表一天開始的主題曲代替鬧鐘

曾有一部在坎城影展中獲獎的美國電影——『All That Jazz.』男主角喬‧基特恩，每天早晨一邊聽著韋瓦蒂的樂曲一邊沐浴，點眼藥，然後走向鏡子，以一聲「It's show time. Falks」開始嶄新的一天。

在影片中，這個鏡頭不斷重現——聽著音樂，走向鏡前，向自己喊出一句鼓勵的話，喬‧基特恩藉此，從心底湧出了身為舞台演出者的熱情。

因積極性行動，而被戲稱為「財經界之巨擘」的元經集團總裁——土光敏夫先生，據說他每天早晨習慣以「南無妙法蓮華經」這個經名來喚醒自己。大概是因為這句話含宗教意味，及獨特旋律，具有使身體醒覺的效果吧?!

一般而言，有節奏感的音樂，有予人心精神與自信的作用。而且一個人處於心情開朗又活潑的心理狀態下，會促進心臟、血管、內分泌的活動，身體自然而然也就律動起來了。

就如詩人萩原朔太郎曾說過：音樂使人富有感性，不論你情願與否？都會使心泛漣漪。因此，音樂雖是物理上的振動，另一方面，卻會對肉體產生直接且強烈的刺激。

因此，我們雖然不是『All That Jazz』的男主角，但決定一首在每天早晨，使自己感覺煥然一新的曲子，來代替鬧鐘，不失為一種新穎有效的方法。這會讓你搖身一變為積極的人！只要將選定的曲子，於每晚用定時器設定好就成了。

這雖是件小事，但刻意製造一日之始的環境，讓心情接受愉快的刺激，也會漸次升高內蘊的精力。如此一來，鎮日都將處於積極的狀態，若每天維持這樣的習慣，你的心中自然而然就具備所謂的「積極力」了。

至於哪種音樂能給予人活力，使自己從早晨睜眼開始，就積極的過完一天？如果你喜歡古典樂，本斯特的匈牙利第二號狂想曲，或西貝流士的交響詩——芬蘭頌，都是不錯的選擇。

但是，音樂不僅只有古典樂而已。每個人對音樂有不同的愛好，所以只你認為能揚升自己的氣勢，搖滾也好，流行歌也罷，什麼樣的曲子都無所謂。

最主要的，是要由這所謂的「起床儀式」，強迫自己清醒，然而只要能達到目的，什麼方法都可以。況且，一覺醒來就聆聽音樂，也沒什麼不好。重要的是要習慣這項能確保積極生活方式的「儀式」。

著手於新工作時，先改變工作環境

就我而言，每天多半重演著被催稿的日子。當然每次寫稿內容都不相同，但每天坐在同一張桌前，拿著同樣一枝筆在工作，難免會使構想陷入窠臼，落於俗套。

為此，每當我改變寫作內容的種類時，就換另一種稿紙。也就是說，如果這次用四百字稿紙寫作，下次便用兩百字的稿紙。僅是這樣的小改變，就能讓自己經常流於呆板的想法而獲得解放。說來也真奇怪，每當面對新的稿紙，竟會使心情振奮、積極地動筆創作。

人的頭腦會在一件事的進行中，逐漸熟悉適應於該工作，相對的效率也提升了。像原本要花一天才能計算出來的東西，在熟練之後，也許僅僅半天甚或兩個鐘頭即可完成。但同時

培養「上進心」的十條守則 1

養成任何事都先考慮好的一面的習慣

思考模式亦隨之僵化，變得難以接受新的思維，這種情況的發生是在所難免的。

換言之，原有的工作環境，會造成自我「心態」的惰性。如果，持續在相同的環境，進行新的事情，前一件工作的惰性將會殘留下來。著手於新工作，若無法驅散這種情緒，那麼即使做了，效率也會大打折扣。

所以，若站在一件新工作的起始線上，不論怎樣都好，將先前的工作環境稍做調動看看吧。像我改變稿紙種類，就是一種方法。

或者整理一下書桌，更動書櫃方向也不錯。稍微佈置一下出發時的環境，擺脫心態上的惰性，朝新目標的衝勁一定油然而生了。

在這時候，最有效的方法是更換掉上一件工作中最重要的工具，例如：在上一件工作中，經常使用英日辭典，那麼於另一件工作開始時，便將這本書從架上拿開。即使只是這樣小的動作，也能更輕易地營造出「現在開始要動手做別的事了」的心情。

總之，愈消極的人，愈不願意做徹底地改變，以致容易使整個人埋在心的惰性裡，陷於一成不變的呆板中，而益發地消極。在每天的工作中，著手於過去或多或少不同的新事物，記得改變任何一處，或整個周圍的環境，就算碰上看似困難的事，亦能迎刃而解。人們對於你的評價，霎那間也將由消極人轉變為積極人。

預留一件拿手的工作，做為早晨的開始

不論工作也好、學業也好，對於自己擅長的事或一下子便能得心應手的事，皆能從繼續進行的過程中，獲得自信。

而且，有自信的行動，多半也產生還不錯的結果。將這個理論技巧地運用在一早工作開始時，亦不失為提高積極力的有效方法。

首先以一件有信心且擅長的作業，做為當天工作之始；或由看起來易於解決的問題著手試試，你將因此獲得「成功體驗」。這項成功體驗，會形成巨大原動力，驅使你向下一個工作前進。易言之，一次成功的體驗所助長的氣勢，會使你過完積極的一天。上班時以開端最為重要，若一開始就受挫，那麼要再由失落中回復，談何容易啊！尤其是個性怯懦的人，或愛鑽牛角尖者，復原力又慢，一味的沈浸於退怯之中，將造成慘不忍睹的下場。

為了早上一上班，就能從有自信或拿手的事做起，可以設法於前一天下班時，預先留下自己最順手的工作，以為次日早晨的第一項作業。通常一拿到擅長的工作，便會在當天就完成了，但此時為了刻意製造起始的環境，要把「今天的工作留到明天」。

不過，最初動手的事，並不限於有自信，或拿手的，也可以是前一天工作的延續。刻意把順利進行中的工作，留一部分待次日早晨，做為第一要務解決。

假設推理小說讀到一半，因突然有急事，而將書本擱置一旁，待事情一完成，定會立刻回到書本上，繼續讀下去。這種中斷進行過程，反而加速事情完成的行為模式，心理學者Obrhankima稱之為「再行傾向」。所以預留一項進行順利的工作，能使翌日早晨仍持續前一天的緊繃情緒。若早上第一件事就是去進行剩下的部分，定能一鼓作氣的完成。

我有一位朋友，從事活潑的評論工作。他從前是個出了名的慢郎中，做事總拖泥帶水，優柔寡斷，工作量自然也小，就是那種隨時見他都缺乏朝氣的典型。

可是，有一次在半夜時，他好不容易確立了評論內容，並順手寫下腹稿，但由於無可預料的突發事件，不得不中斷寫作。據說他邊哭邊放下筆；第二天，當然繼續未完的部分，而且連下一篇稿子，也不再拖，一塊兒做完了。

結果自然是非常完美。從此以後，當他在趕稿時，便以這次經驗為教訓。同時，眼見他評論的種類愈加廣泛，不再侷限科學這一領域，到如今，他已變成一個對任何事都很積極的人，完全無法想像他從前的消極模樣。

即使不能完全模倣他的例子，也可以由每天開始工作時，下一點工夫做起，使你一整天都能積極的處理事情，同時藉著這種情緒的周而復始，漸漸在你心中培養起對所有事物的積極性。

新的手册一買來，首先要預定出明年的目標和工作主題

K先生是一位和我極為合得來且親近的筆耕者。每次和他見面時，他總會說：「手册中以年表記事本最好哦！明年務必改用年表記事本！」好像他是個手册出版社社員似的。當問及「為何這樣特別推薦？」時，他會回答，因為其資料附錄部分，較其他的來得傑出！

聽他說了幾次，有一回我便向他借來看看。結果發現，果然，從世界史重要年表開始，到世界主要國家之執政者年表，近代的交通道路，人名、地名對照表，官位對照表，文化史總覽，時事總覽等，確實相當豐富，另外甚至有全國全年慶典節日一覽表呢！

我一邊想著有這樣的手册的確方便，一邊順手翻著頭幾頁，然後我在第一頁封底上，看到了我所熟悉K先生的字跡，寫著「重質不重量」「一氣呵成」兩個斗大的黑字標語。

當我詢問他時，他略顯難為情的說：「哎呀！被發現了！」這事的緣由是因他寫稿速度較一般人快，所以逐漸就連一些拉雜的稿也接下來。最後弄得連自己也嫌惡自己了，才寫下

「重質不重量」這樣一句話，以為警惕。另外，至於「一氣呵成」，也是因為自己下筆快，而工作其實很像龜兎賽跑，為了約束自己不要接不必要的電話，或任意離開桌子，所以有如是之座右銘。

接著，K先生談到了今年的目標，他說：「雖是這樣單純的工作，但不免三心二意，還是要好好地確立目標才行啊！」說完，K先生靦覥地笑了。對任何事皆屬行動派的他，總是強調手册的便利性，從某方面看來，是為了要得到如上述的效用吧！

不僅K先生、任何買了新手册或日記的人，即使個性再消極，也會說「啊，發憤吧！」這時心已朝向未來，呈積極的狀態了。

千萬別錯過了這時機，要寫下明年應完成的工作項目做為人生的目標！還有，要養成每次打開手册，就將這些目標瀏覽一遍的習慣。這樣一來，不僅提高了預定初衷時的精神能量，也能把新鮮的感覺再溫習一遍。

尤其逢鬥志低落時，翻閱一下當初寫的主題、目標，能讓心頭一振的話就行了。

如此這般，僅是一本手册的一種用法，就可成為使你渾身充滿積極力的最佳武器！

養成任何事都先考慮「好的一面」之習慣

現在，只要提到錄音帶，大家都會與匣式錄音帶連想在一起吧！其實在錄音帶發明之初，幾乎全是開放式卷帶型的，之後所以演變為袖珍匣式卡帶，則與一項決策有關。

匣式卡帶是由世界家電製造商菲利普，在荷蘭的總公司所開發出來的。在該公司發展出匣式卡帶後，發表了一項聲明，宣佈將此產品無條件公開於世界中。

此匣式卡帶，在當時是無與倫比，了不起的研究成果，若在聲明中表示要申請為專利的話，相信會帶來極高的收益吧！但誰也想不到他們竟有無條件公開這樣的打算。

原來其用意在於：若該產品的生產者增加，就可藉此推廣於世界；也就是基於利益共享，則自己所得也將增加這一點來考量的。

結果顯示菲利普公司當初的決定是相當正確的。

我在此舉出菲利普公司的例子，並無意談論經營理念；而是想強調在事情的開端，放手一搏的決心及環境的創造是非常重要的。菲利普公司以「這樣做的話，有多大的正面效益」為前提，做充分的檢討後，斷然採取了特別准許公開專利的積極性行動。

但是，決定事情前還有另一種檢討方法，即是由相反的一面來著想：「哪種損失較多？」這兩個想法是不可分離的，需詳加思考如何取得平衡，可是如果菲利普公司不先考慮正面效益，而改以負面觀察，著眼於「專利一公開，則專利費便短少，專利一開放，必然遭到仿冒」的話，恐怕匣式卡帶就不如今日之普及了。

朋友們，開始任何一件新的工作吧！在下定決心「放手一搏」的同時，也必須伴隨著「行動」，否則，決心又有何意義！那種行動力，起始的爆發力，會因決定時精神的高昂與否，而有天大差別。

易言之，於事情即將開始之際，一旦先考慮到負面效果，便感受不到高昂的鬥志，亦引發不出行動力。激發積極力最有效的做法是先充分檢討正面利益後，再考量事情的反面，這才是具前瞻性的心理。

讓我們再回顧一下，新力公司當初推出「隨身聽」時的情況吧！當時公司上下，對可以錄音但不用揚聲器，僅能播放於耳機中的新機種，感到強烈的不安。這，就是所謂的負面想法。

接下來，更有人對 Walk man 這句日式英語，是否行得通感到懷疑。但只有決策者一個人，真正評估了這種高精密度的音樂播放性能。

他說：「在音樂中成長的年輕人正不斷地增加。而這種高錄放性能正符合了他們的胃口，加上名稱又取得平易近人。」如此著眼於樂觀的一面，是極重要的！然而推出之後的結果，誠如周知，成為相當暢銷的商品。

慎重地進行一件事時，無論如何亦不可忽略負面因素，尤其是消極的人，總是會先往壞的方向想。

可是，老是這樣，就什麼事都不會有開始，也絕對不會有踏出第一步的行動力了。所以不管何事，皆要懷著奮發向前的心，這麼一來，你的心中便自然而然具備積極力了。

不是可不可能的問題，而是該思考由何處著手

說到腦力激盪（Brain Storming），是公司內激發新構想的一個手段，但是要使這個方法奏效，先決條件必須是「不能挑剔任何一種想法」。因為過度關心那樣資金耗費太多了，或不可能實現等問題的同時，多半已有了預設結果的判斷了。

但是，如果只想到結果的好壞，是怎麼也激發不出好的創意。

創意的開發，要從想到什麼說什麼開始。至於可不可能，吸引人不吸引人，這些以後再

想。可是消極的人，總是在一開始便以「如果要實現這個的話恐怕……」來自我否定，縱使有新鮮的點子也不說出來。

更有甚者，是由於懼怕被否定，而怯於發言。

「世界級的本田」之創始人本多宗一郎先生，有一句常掛嘴邊的話：「失敗並不可怕，可怕的是恐懼失敗以至裹足不前。」

這的確是一句名言，除了腦力激盪以外，我們常常也會自以為行不通，而扼殺了難得的靈感。消極的人，不斷反覆地使用這「消去法」，否定自我，進而氣餒地承認自己是個毫無創意的人。

因此，當新的想法迸發時，不必杞人憂天，倒不如思考一下「從何著手好呢？」如此刻意創造心情奮發的環境，做為提高心能的啟動器，只要發現一絲可行性，不管三七二十一，先做了再說吧！

當然，凡事起頭難，但在嘗試錯誤的過程裡，將構想付諸實行的行動中，光明大道會漸漸開發。如此不斷累積體驗，你會發現，曾幾何時，個性中的消極性，早已煙消霧散了。

對於初識之人，當場就刻意地記住名字

我常有機會在舞會中露臉，但有時會遇上相當難為情的狀況。例如，明明覺得對方面善，卻怎麼也想不起他的名字；或者名字和人湊不到一起。最後我往往下意識地避開人群，消極的行動使自己成為那天宴會中的花瓶。

個性消極的人，自然，人際關係也是消極的，分析其心理可發現：這種人會第一個強烈地意識到：不想出洋相；不要處於難堪的局面等情緒。

特別是那些曾有許多尷尬經驗的人，上述的傾向更較一般人強。我從不覺得自己是個消極的人，但自那次舞會事件後，就背負了陰影。

反過來說，和陌生人初識前，若下點工夫讓自己不致丟人現眼，這便表示你已進一步藉此積極地拓展人際關係，並朝向積極人努力，以找出突破的出口了。

那麼，做怎樣的準備好呢？最簡單的方法就是：將剛結識的人和臉、名字好好地記牢，掌握他的職業等。舉例來說：作家三浦朱門先生和我初識時，冷不防照了一張我的相片。作家這類人，對人具有敏銳的觀察力，記憶力也應該不差，想不到也要花點工夫來記下衆多的

臉和名字！

我在執教的大學，若參加專題討論的學生超過了三十位，也用像機拍下所有學生的照片。目的雖是為了記住所有學生的名字和臉孔，卻連帶有讓他們覺得「老師想要牢記我們大家呢！」之效果。

以這樣的方法，牢牢地把對方的名字和臉孔印在心坎裡，下次再於某處見到這個人時，會不可思議地發現：竟這麼容易就能與之搭腔。

此外，對方被叫出名字後的反應，也是一大回饋，那時即使只見第二次面，亦因為名字被人家記得，而急速熱絡起來。

如此一來，你的人際關係漸漸開展，伴隨而來的是對任何事情皆熱情地鑽研，這時的你已呈現積極的姿態了。

新日本鋼鐵公司名譽董事永野重雄先生，是一個以長於記人名而衆所周知的名人。在舞會上遇到的人不必說，據傳聞在他年輕時，於京濱地區之某鐵工廠當廠長時，僅二年的時間就將員工四百餘人的姓名、年齡、家庭成員等記得一淸二楚。

永野先生難道不是個精力充沛的典型。

同樣是培養興趣，何不選擇學習一般人不會的外語

凡是有一技之長的人，就和他人出現強烈的不同，行動起來也較積極。藉著這樣的不同建立自信的核心，是擴大各方面關係，拓展自我之濫觴。懦弱的人，或以悲觀看事情的人，只要有不服輸的一面，並以此為精神據點，便有踏上積極的一步之可能。

擁有一技之長，談何容易呢？但每個人都有「喜好」吧！俗話說「好者易精」，所以在此，好好想想那些你感興趣的技術、小玩意兒、資訊等各方面嗜好，即使一點也好，也可以試著從中領先別人。單靠這樣，自信的核心便可在你心中萌芽。

Tyubee Bonborlus Al Meela Juigarlon（可以給我一支煙嗎？）

Mimina Penpe Wini（I Love You）（我愛你）。

第一句是世界語（Esperanto），其次是坦干伊克語（Tanganyika）。兩句話都是在酒廊談笑嬉鬧時，聽朋友說然後記下來的。若為英語、德語、法語或西語就耳熟能詳了，但那兩句都是第一次聽到，所以才興致勃勃地記在手册裡。

老實說，他會說的世界語也僅一句而已。而我只記得創始者 Eamenhof 是個眼科醫生

，頂多把它當作「理想的共通語」，萬萬沒想到自己身邊竟有個人會說世界語。

當然，我們是把外國話當作下酒的話題了。如：能用幾種語言說「我愛你」，或者對英語在世界中占絕對優勢有何看法等，大伙兒口若懸河地談論著，渡過了一個非常快樂的時光。

我還有一項意外的發現。即：這個朋友平常話很少，且個性內向，那天居然在酒宴上談笑風生，無時不積極地加入聊天的行列。

後來我詳細打聽了一下，發現他最近正打算一年學一點別人可能不學的外語，且樂此不疲。他這樣與其說是單純的學習，不如說是將學外語作為興趣。

他為此分辯道：「你也知道，我並非親和力強的類型，所以，至少要從有心製造話題開始吧！但是卻變得矯枉過正，話匣子一打開就收不回來了……。」

大正時代的無政府主義者，大杉榮曾以：「一犯一語」而聞名。意思是說：每一回被捕入獄，就要在出獄前將一種語言說得完全流利。原來他是個具有強烈自卑感，患有嚴重口吃的人，很可能成為懦弱的人，但在有能力自在的使用數種外國語後，也能挺胸說出「我，我，我是大杉啦！」

我們雖然不如大杉般能幹，至少有許多朋友的作法值得倣效。對自己在語言方面沒信心的人，回想看看當初上中學時剛接觸英文的情形，也許感覺新鮮的學習意願會油然而生呢！

培養「上進心」的十條守則 2

預先料出別人對自己的期待

印度話、塔加拉族語、雅浦語……只要是罕見的語言都可以。最重要的是以遊戲的心情開始，別管文法等，直接由會話學起也無妨。聽那位朋友說，托爾斯泰在精通世界語的文法和規則之後，一直到能開口說，起碼花了四年的時間。真不愧是文豪，能持續好奇心不斷。

只要懂別人所不懂的，不論是多保守的人，都能在內心深處產生自信。加上一有機會，就裝作不經意地脫口而出（像展現知識一般），積極的念頭便升起了。

「這句話，雅浦語講成△×○喲！」——在二、三十分鐘的閑聊當中，只要說這一句看看，恐怕所有人的目光全會集中在你身上了吧！結果，自己心中，想要說話的念頭將不斷升高，一旦產生一點積極對待別人的意念，就會搖身一變，突破瓶頸成為積極人。

同樣的嗜好，勸你不要模仿別人，找一個特別的吧！外國語就是個特別易於駕輕就熟的選擇。

看暢銷書不如讀一本專門書

在立教大學的教授群中，有一位知名的音樂權威——皆川達夫先生，是我高中時代的同學，是所謂銀髮族中瀟灑的士紳。

他同時身為葡萄酒權威。朋友間聚餐，在選葡萄酒時，也是非他不行。不論吃牛排、或吃火鍋，只要有他在必然為我們選定最合適的酒。要是問他箇中道理的話，他會以淺顯易懂、加以詼諧的方式來說明給我們聽。

那個人傾向於內斂的表現，讓人覺得恰到好處；滔滔不絕的說完話也不會露出疲態。所以我們在等待上菜的這段時間，絲毫不感無聊。

就算不能像皆川先生那麼，但有一些讓自己出類拔萃的知識，的確會比別人強多了。不啻話題豐富而已，和人閑聊時也可回應「嗯，那件事我自己知道得不少喔」，而讓自己感到些許的優越感。累積類似經驗以引發自信，在與他人交際時便可從容不迫了。

所謂具有特出的知識，並不是什麼了不得，成為某領域權威的念頭，而是較一般水準高一點，僅僅一點就行了。

出版王國日本這個稱呼得來不易。在日本，不論你對哪方面的知識有興趣，就有關於那方面的簡明入門書籍。從初學者用到專業用，分級出版，在此統稱為專業書籍，而且無論各個等級均很不錯。首先精讀手中取得的一本書，這將大大地拉近了與這個領域的知識、技術的距離。

我有個朋友是某公司的副總裁，對命理學及氣功有研究，在社交圈亦大有所獲。也許他是以手相、摸骨、面相為首，到卡片算命等，幫人卜卦中著手建立關係的吧！假定對這方面有興趣，更進一步閱讀有關書籍，直到你能很驕傲地告訴人說：「占卜這方面，我可不輸給任何人！」或者只是拓展自己特別且得意的長處，都不錯不是嗎？

只看暢銷小說，算不得是讀書吧！小說是為了呈現人生百態；而專門書則對開拓人生視野有著不可磨滅的功用。

同樣是去購物，選一個大家都沒有的東西放身上

常來我家的主編大人，實在是個令人討厭的人。因為他總是帶著一個裝有威士忌，很棒的攜帶型酒瓶。他希望人家看到那個容器，就連想到西部電影的男主角：坐在馬背上，不經意的從上衣口袋取出酒瓶，抬頭喝下去的瀟灑情狀。那個容器不大，裹著深咖啡色的皮革，是個十足的上等貨！背面還刻著「德國製」等字樣。

他總是把它放在背包裡，瓶中盛著上好白蘭地。然後，在適當的機會取出來喝一口。

當被問及「這在哪兒買的？」

他會笑著說：「國內某地，這是我的秘密。」接著他會不懷好意的說：「前幾天，在新

幹線上也被問到同樣的問題耶，唉呀！我因為太熱心就告訴他了。」

他愈這樣說，你就愈想知道答案，最後，他會說：「好吧，下次告訴你！如果你能在○月○日前把稿子交出來的話。」說完，便掉頭回家了。

誰也拿他沒辦法。嚴格說來，他並不是個特別難纏的人，只是藉威士忌酒瓶用點小手段罷了。也就是說，利用不起眼的小東西，收效不錯呢！

日用品中，若擁有一樣別人沒有的東西，不必太貴，就可吸引別人的注意，等時機一到，藉以造成話題也是不錯的。

一旦引人注意，大家談論的話題都落在自己所有物上時，自然而然自己就會成為中心人物了。儘可能的蒐集珍奇物品，那麼這種成為衆人焦點的機會可多啦！習慣以自己為主角的會話場合後，積極力也培養起來了。

消極的人在選購鐘、皮包等自用品時，也想說反正不是什麼起眼的東西，隨便買一個就行了。

其實，何不抓住這種機會，選一個別人可能不會有的東西，來看看怎麼樣？只是這樣的小改變，也許正是蛻變為積極人的契機呢！

不論什麼事都沒關係，讓自己成為某一方面的情報通

有本書叫「生力麵」。在一般人看來，也許會認為：只是生力麵而已，值得出一本書嗎？！但無論什麼事，有心一探究竟的話，即使再怎麼努力研究也不足為奇。實際上，從酒宴的閑聊到內在能量的問題，關於一切的領域範圍、都有所謂「如果想更清楚知道這件事，可以去問××」的「消息通」存在。

在這個資訊爆炸的時代，想要成為消息通，或從許多資訊中選擇必要且確切的部分，是一件不容易的事。

而且，若要由自己生活的各方面做起，收集所有和切身有關的情報，必然要投下極大的時間和勞力。最好是在必要時，有人提供我們必要的情報。因此對特定領域有豐富資訊的人，其存在是相當寶貴的。

也許正因為如此，更推進了電視界、廣播界、報章雜誌等大衆傳播的專業化，及細緻分工吧！EPS指的正是按（E）elite,（P）Pophlar,（S）Specialized 等順序發達的理論。近來確實已進入S（專業化，分工化）的階段，所以提供關於特定領域的詳細資料之專

門雜誌，及電視節目愈來愈充斥。
在此我並無意鼓勵大家成為情報販子。擇一自己所好的東西，別管是否有用，徹底地蒐集相關資料吧。以寫一本書的心情，把平日的嗜好當作題目，去追蹤新的消息試試看。對象不論什麼都行。喜歡電影，就立志為「電影通」；愛喝咖啡，就多去了解咖啡，成為「咖啡通」。像前述的「生力麵通」也不錯啊。
「收集情報」不是件耗費精力，要特意執行的工作，一旦選定了主題，從日常生活裡多下一點工夫，多用一點心就行了。
假設打算變成「電影通」好了，在街上散步時，不妨多看幾眼目前檔上的海報，看板、至於報上的影評，也要把它做成剪報。若順道經過書店，一定要到裡面翻翻電影方面的叢書；到一個新的地方，稍微調查一下附近有戲院否？要採取能易於獲取有關電影訊息的行動模式。
電影通也好，咖啡通也行，這在現實生活中或許沒有用。但是，在那些特定的領域或對象之中特別下功夫，自己的勢力範圍就能更為向外擴張。在自己的內心存著自己一定有一項不亞於別人的地方，而想說出：「那種事情可以來問我！」的意識時，則無論做什麼事，都能行有餘力，給予自己踏出積極步伐的力量。

每天騰出一個小時來做自己拿手的事

我曾經有機會和諾貝爾獎得主江崎玲於奈先生談話，他強調：「這雖然是我教育自己孩子所獲得的心得。但所謂美國式教育，就是帶給孩子自信的教育。」

事實上，在美國的教育基本方針是：讓孩子自己設定可能實現的目標，然後將之加以實現，以更上一層樓。透過減少失敗體驗，不斷累積成功經歷的教育方式，以培養孩子的自信心、積極力為目標。

為了達到養成積極力的目的，「不斷累積成功體驗」比什麼都重要。我們在一件工作結束前的過程裡，若可以常常有「幹得好」、「做得漂亮」的感受的話，即使結果不盡如人意，但還是會產生再迎接新挑戰的心情。

相反的，一件事整體看來是成功了，但過程中挫折連連，坎坷不斷，反而會喪失信心，甚至幹勁全無。

我們的日常生活中充滿著小成功、小失敗，而且多數的時候是不可掌握的變數造成的，可是我們總是會特別注意失敗的例子，這大概是人之常情吧。個性悲觀的人，若遇到一點小挫折，一定會感到整天諸事皆不順。

那要如何在每一天都能植入具體的成功體驗呢？每天至少撥出一小時，專做些自己有興趣或擅長的事，例如：讀書、嗜好、學習新事物等，什麼都沒關係。只要是自己喜歡、拿手的事，就不至於有挫折感吧！

任何拿手的事都可以，就算是個性相當懦弱的人，也會想要回味一下以前從事的娛樂或擅長的課業。應該沒有人會以太忙或今天沒有做這事的必要等理由，半途而廢吧！

如果小學時手就比別人巧，模型及小勞作皆做得不錯的話，不妨將之當做新的嗜好，再次動手做看看。或者，學生時代都是自己煮三餐，甚至有烹調出佳餚的經驗者，現在開始視下廚為樂事也不壞啊！一個人不可能沒有任何感興趣或得意的事，至少都該有一項吧！

法國有一所學校，全校學生皆能獲頒一張意味著「你很了不起呢！」的獎狀。其中名目包括「勤學」「走得快」，甚至連常請病假的小孩也有「感受性敏銳」這樣的獎。在老師們的眼中，每個小孩都有長處，都有天分，所以發獎狀以表示肯定。

這個學校的老師們，絕不對學生冷嘲熱諷，每天觀察孩子們，自然就會發現他們的潛質了。若我們再一次回顧自己過往的生活及經驗的話，一定會有所獲的。

誠如前述，每天只要撥出一個小時，做些拿手的事，藉以得到成功經驗的不斷累積，釋放精神壓力，會發現：原來我也可以做這樣的工作呀！然後不單純只是拿手的事而已，它也讓你產生了對所有的事都積極運作的力量。

凡事搶在人前完成，即使是打招呼，接電話等小事

「先發制人」「先下手為強」等語從古時候開始，就廣泛流傳在必須分出勝負的場合中。先採攻勢，逼迫對手改採守勢，這時，你已心理上領先了。心理戰略中也有搶先攻擊這一招。

你不妨也試試任何事都先人家一步去做，從日常的行動模式，工作方法，到人際關係，談話，即使是再瑣碎的事情也沒關係。

我曾教過那種十分害臊的女學生，要她站在教室發言，她就忸怩作態，滿臉通紅，聲音小得聽不清楚。

偶爾在校園內看到她，正打算向她走去時，竟拔腿就跑，逃之夭夭了。這簡直是懦弱個性的典型。

她升上四年級時，我心想她終究非踏入社會不可，深感「這樣下去不行！」便向她提出

忠告：「第一，由打招呼開始，希望你凡事先人一步去做，並且以大嗓門說話。」

當然，生來便內向的她，不可能立刻改變，但不久後，與我擦身而過時，已不再閃躲了。雖然低著頭但還是先和我打招呼了，她似乎努力遵守著我的忠告呢！

時間一久，她漸漸地不同了，不但表情開朗，發言時也不再忸忸怩怩的了。

在畢業典禮上，這位活潑的小姐，變化之大，實在令人無法想像她從前的樣子。

個性懦弱，內在精神能量不足的人，遇事都不肯自動，老是採等待、被動的姿態。即使和人打了照面，也不先開口問好；下決定時，也是完全接受別人的安排。

如果今天一伙人走在路上，他也絕不會是走在前頭的人。大多數的場合，他都躲在其他人後面。就算想要有所行動，心裡的勇氣究竟還是不足。

這般內向懦弱的人，要突破瓶頸，搖身一變而為積極人的話，可從毫不起眼的小事開始，試試看凡事快人一步這個方法。嘗試著改變日常生活的細節部分及自己的行動模式看看。

即使只有打招呼也可以，何不比別人先開口呢？在公司何不第一個接起電話？吃飯時，何不比朋友先決定吃些什麼？還有許多例子，不妨都試試看。

這是一項對自己外在的規劃。制人於先機的積極外在行動，與內在意志的改變有著密不可分的關係。

最初也許會產生排斥，但在勉強自己去改變外在行動的過程中，內在意志亦會漸漸地改變，朝向活潑的心情邁進。如此一來，你就是個打開心扉、解放自己，經過蛻變的積極人了。

內向的人為什麼有時和人交談時，非搶話不可呢？經過分析了解到：因為他們看到對方的反應後會產生強烈的不安，而急欲辯解所致。

說得清楚一點，就是為了避免下意識的自我威脅感。

但是連這樣的人，在打招呼時，都會因對方回應自己而減少不安，那麼如果由自己先主動打招呼的話，不管對方是誰，也會因我們的反應而降低不安才是。

一週一次成為第一個到達公司的人

我曾在一本雜誌中談到：有一個精力旺盛的評論家，以自用車為通勤工具，每天早上他總是早半小時出門，要不在車上，要不在空無一人的辦公室裡，完成他的稿子，等其他同事到的時候，他已經優哉遊哉地在看報了。這就是所謂貫徹始終的典型吧！

總之，所謂充滿活力，積極努力的上班族，應該也是早晨迅速完成工作的人。

不過，對那些優柔寡斷的人而言，突然要改變為這樣的生活模式，似乎有些強人所難。

所以，並非每天都要如此要求，但難道一週一次，使自己成為第一個到公司的人，也做不到嗎？老是與打卡鐘比賽，有時剛好，有時遲到，這樣差人一步的習慣，其實正是消極人所為。一週一次就行，比任何人都要早到公司，掃掃地或整理一下資料都好。

這樣一來，在其他人來上班之前，你的肉體及精神上已進入狀況，並可以提高做事的意願及效率。再者一個快要遲到才出現的你，一下子改變作風，周圍的人一定投以訝異的眼光，並受影響也拿出精神振作，那麼這一天不在積極中渡過才怪。

同理可證於與人相約見面的情況。在約定的時間快到時才飛奔而到達，或者遲到，你已於那瞬間在心理上處於劣勢了。

衛理大學教授羅伯博士的研究指出，一般印象中，對於內向的人都覺得他應該是「安靜的」。

也就是說，愈是內向的人，愈是嚴格守時間，如果快要遲到了，他在電車中一定焦躁難安。

如果傾向於內向的人，萬一眼看約定的時間就到了，甚至於「遲到了！」這時心理的打擊一定難以估計。「完了，趕不上了！」一直保持這樣的情緒，對方也會悉數感受到吧！不斷反覆這樣的行為模式，那能引出積極力呢？

所以，在與朋友相約時，提早個十分鐘準備，給予夠充分的時間，讓身體、心理都習慣，心的能量也會在這段空檔裡逐漸升高吧！像這樣成為最早到的人，那麼後來的人，在氣勢上只有被你壓倒的份了。不管是上班或是與人相約，試著比別人早一點行動，常此以往，你已不知不覺搖身變為積極人了。

將自己的錶或鐘撥快一點

既然已決定要培養凡事皆快別人一步的積極力，那就非得將平日喜愛的手錶派上用場不可。忙碌的現代人，可說完全靠時鐘過活，而時鐘這個魔鬼，已全然規範限制了我們的行動。所以，更善加利用鐘錶，便可能改變自己的行為習慣。

以下是從和我頗有交情的一位心理學者那兒聽到的故事。他有一次到朋友家拜訪，臨回家時，不經意地瞧見了掛在起居室牆上的壁鐘，他再提手一看，以為自己的錶誤點了，結果主人上前說明道：「事實上，是我把家裡所有的鐘都撥快了十分鐘。」

那位心理學者聽了朋友的解釋，頗感震驚。還據說是為了家裡的孩子才這麼做的。

原來是他家有一個小學五年級的孩子，非常懶散，早上出門總是拖拖拉拉，遲到已是家

培養「上進心」的十條守則　3

經常尋訪不知名的街道或新開張的店鋪等

常便飯，也習以為常了。為了解決這個問題，於是那主人想出一計策，便是把家裡的鐘都撥快十分鐘。

從放在桌上的鐘、壁上吊鐘，這些醒目的地方開始，重新將所有的時間調過。當然，父親自己也要以身作則，配合新的時間起床、上班、作息，全家都得開始過「快一點」的生活。這時，老愛遲到的孩子，上學開始不遲到，而且，也解決了又一件頭痛的事了，更甚者，孩子在不知不覺中變得開朗、活潑起來。從此之後，大家就習慣快十分鐘，並一起經營著前瞻性的生活了。

由這個例子，我們可知，不過是把鐘撥快了而已，卻連帶得加快人們的行動模式。所以藉此轉變消極人為積極人亦有可能，首先要做的是：將你的鐘稍微調快一點，不論是隨時可看到，置於桌上的鐘，或是你的手錶皆然。

當然，如果你一直記得「鐘快了」，那麼你不過是個習慣受制於時鐘的現代人。當時鐘調快後，你的行動也會緊追上去。會比平常早起、早出門。不管是與人會面也好，工作也好，一定都有開始的時間。

這「時」，你就常會比別人搶先一點，而能創造充分前瞻性的心態。如果培養了這種習慣，你所有的行動將逐漸變得活潑、積極。

不要先辯解，而先從處理的結果開始說起

比別人領先一些的設想，在人際交往或談話上也常出現。例如，你打算在上司面前做出差的報告。但無論是誰在上司面前都是會緊張，尤其是膽怯的人，可能心臟會撲通撲通地跳著。

同時，若報告內容順利則另當別論，如果商談得不盡理想時，該怎麼辦呢？膽怯的人多半就會說：「實際上……」，首先由辯解，前提來開始說起。而且，因為想做充分的辯解而思慮過度，無法流利地說話。

當然，辯解的內容對你而言也許是很正確的。

但是，若分析一下這種心理，則辯解不過是對於對方的攻擊張起壁壘的一種逃跑姿態。也就是說，你從一開始就在逃避了。

眼見這種態度的上司，心裡又是怎麼想的呢？

即使他對你陳述的理由多少有些認同，也會露出激烈的表情辱罵道：「幹什麼吞吞吐吐地，結果到底怎麼樣了？趕快說！」

如此一來，膽怯的人就只有低下頭委縮起來了。而上司對你的評價也就更低落：「這傢伙還是不行！」這種事若一再重複，就會變得越來越消極。

如果你想培養積極力，包括上司在內，無論誰是你的對手，首先都要記得先把處理的結果說出來。

在即席演講或小篇論文中，如果開門見山地把結論說出來，大多數人都會被吸引。同樣地，首先將結果敍述出來，就能制人於先機。

也就是說，利用先陳述結果，就能將自己由針對對方攻擊而張起壁壘的駝鳥心態解放出來，而由自己先行出擊了。

而對方當然會接殺，反應出「這是怎麼回事呢？」這樣的疑問吧！

這時候才開始辯解或說明理由即可。這和一開始就嘮嘮叨叨是不同的，由於對方也會積極地傾聽，所以你就能更順利地暢所欲言了。

如此能漂亮地達成一件困難的事，結果將會有極大的自信深植在你向前邁進的心態上。

在這種人際交往及對話當中的訓練，今後將不只是在談話的場合，就連所有要採取行動的場合中，你應該都會表現出由自己主動地出擊。

先想想別人對自己有什麼期待

到如今仍受到歡迎的美國總統約翰・F・甘迺迪，是少見的一位精力旺盛的人物。他的演講也充滿了優異的魅力。其中，有如下的一段話：

「Now, my Americans, ask not what your country can do for you, ask what you can do for your country.（那麼，各位，不要問國家能為你做些什麼？而要問你能為國家做些什麼！）」

若採取某一觀點來看，這就是典型的積極者甘迺迪對全美的國民要求要有發起積極行動的積極力量。

在許多情況之下，消極的人總是無法領先。在人際交往時，如果被對方要求：「希望你這麼做！」而要先行採取行動，就會感到相當棘手。當然，也就成為別人眼中的「呆板的傢伙」，人際關係無法順利拓展，行動範圍也受到限制。

那麼，該怎麼做才好呢？雖然不能做到如甘迺迪的演說一樣，但首先要想想自己能為別人做些什麼？具體來講，如果能為平常對我們很照顧，且提拔我們的人想想，應該更具效果。例如：時常照顧我們的恩師，或今後將對我們有一臂之力的上司或長輩……。把自己假設成為那個人來考慮為他做些什麼才能使他高興，如此地多方設想。

剛開始只要去想想即可。「這麼做很好！」「那樣做真好。」，在內心反覆地預演之時，付諸於實際行動的精神能量應該就能相對地提高。當然，如果把這些行為想成是「阿諛」別人，就一點意義也沒有了。要試著不求回報，把它做為「無條件的行為」。

在多半的場合之下，人們希望別人為自己做什麼皆表現在言外之意，這時如果能以對方的立場來考慮，在內心多次地預演，不久你就能由別人的言行來預先得知別人希望你為他做些什麼了，即使是那麼一點點。

即使只有一點點也沒關係，要如此開始地付諸實行。那麼，別人一定會感到喜出望外的。於是也就能得到自信，而先行獲取下一次的期待。

如果能累積這樣的機制，在人際關係變得活絡的同時，也會學到任何事都搶先一步行動的積極性。

第二章　不入虎穴，焉得虎子

——不要多慮，先做了再說

先嘗試取得一件一看就與身份不配的高級品

膽小懦弱的人，凡事都以悲觀的角度去看，更別提會揚起新的行動力了。要要求這人有些快速且全然不同的行為，好像有點勉強吧！

但是，古有明訓：「不入虎穴，焉得虎子？」若沒有冒險的精神，也將一事無成。去創造一個新的體驗吧！那怕是多微不足道，或顯得唐突的事，都無所謂。

那種體驗，就是要打破一成不變的生活，不只要解放你的內在能量，更要刺激積極力中相當重要的一個元素—好奇心。在獲得新的體驗之「所在」，大致可粗分為：日用品、服裝、目的地、身處之地、興趣等幾方面。

我有一個熟知的國貿商，他有個習慣就是：只要一出國，首先就是到那個城市最高級的精品店，去買最高級的領帶，以做為一切工作之濫觴。領帶這種東西誰沒有呢？這樣做只是為了給自己打氣，使自己可以在陌生的土地上，抬頭挺胸。

單就豪華主義一點而言，今天社會上有著根深蒂固的「成套主義」。即使是住在廉價公寓，也會開著高貴的名跑車，這種心理，追根究柢，就是每個人都要擁有一件奢侈品，以建立與眾不同，高人一等的優越感及自信。我那從事貿易的朋友，說穿了就是善用這一點豪華主義，以培養自身的信心罷了。

怯懦悲觀的人，對於上述建立自信、走出怯懦、踏入新視界的方法，通常有著極大的反感。

但是，即使這樣的人，也應該可以擁有一件與自己不相稱的高級品吧！打火機啦，鋼筆啦，任何一樣世界級的一流品，都可令你嘗試到新的經驗。或者，不擁有高級品，如改為二、三個月上一次高級餐廳用餐，也是值得一試的經驗哦。

不論買高級品，或上高級餐廳，皆算不得是虛榮心作祟，只不過想從不同的角度看一下世界罷了。為了表示自己與眾不同，買一流的商品，進出一流的商店，就可以獲得自信心，優越感。以那樣的自信為基礎，極有可能從此行動就變得積極了。

「心靈掌舵」的世界權威——麥克威‧馬斯博士指出：藉由整形手術而獲得外在的改變，連帶可見性格、行為的轉變。更進一步研究結果發現：事實上改變的不是身體印象，而是自我意識，易言之，就是心的意識在變，使整個人產生變化。說得更清楚一些，個性懦弱悲觀的人，因內心灰暗，導致自信薄弱，如果以擁有高級品、出入高級餐廳等小體驗做為突破自我形象的契機，進而求新求變的話，一定行得通的。

每週有一～二次，經由不同以往的途徑回家

發跡於廣島的馬自達汽車公司，雖以圓形引擎之實用化等技術名噪一時，但也曾陷入經營危機中，那時為了儘量減低生產成本，於是展開了日常業務的改革運動，以扭轉劣勢，這個運動由工廠到管理階層，漸次推展開來，結果光總公司大樓，就整理出整整十卡車不要的文件。

某一雜誌社負責人曾說：「在日常瞟過一眼的文件中，最好檢查一下是否大多為無用的部分。」

環顧四週，應不難發現這種習慣成自然的浪費吧！例如，在公司流通的稟議書，真的需要再包一套封面嗎？亦或真的需要這麼多的圖章？更甚者，每天上下班的路線雖是逐漸習慣了，但有什麼理由非走這條路不可呢？另外，生活中若對僅一瞥而過的事情稍加留意，很多時候反而會得到意想不到的答案呢！

人的大腦裡有所謂「慣性」的機制。舉例來說：開頭覺得困難的事在習慣以後，便不再有這樣的感覺。慣性的效用在於：即使面對不合理的事情，一旦習慣之後也變得理所當然了

。就像在文件上蓋章，最初會覺得這個工作挺笨拙的，可是一段時間後，若不拿章來蓋，反而心理怪不舒坦的呢！

這種習慣，是不知不覺養成的。在你意識到之前，整個人已陷於刻板中了。也可以說類似一種老化現象，對積極力而言，這無疑是個大敵。沈浸在下意識的慣性裡，而想要求積極進步，何異於緣木求魚？尤其是愈懦弱悲觀的人，愈想要寄生在這安定的外殼裡。

如果要擺脫這精神性的老化，可以試著全面改變自己的習慣，在日常生活中對向來有把握的事情重新採取懷疑的態度，想想看：果真如此？我的一個學者朋友，他的口頭禪是「科學，只不過是另一種假說罷了」，而且他相當強調這個觀念。一般的科學家對於超自然現象，通常是草率地下「迷信」這樣的結論。但是，根據我那學者朋友的說法，反而科學是迷信，而超自然才是真理……，如此才是科學的態度。事實上，也的確有國家致力於超能力及超自然力的研究推展。藉著推翻自己堅信不疑的事實之過程中，會找出所有新的可能性。

我時常搭乘新幹線。每當雨過天晴，所有的站便開始例行地播送著「請注意別忘了您的傘。」而大部分的乘客則習慣性地說一聲「又來了！」照樣當耳邊風並不在意。

但如果播放內容改為「剛才在東京站，僅一個上午就有五百人向失物招領處詢問遺失的雨傘，請各位務必留意。」相信這麼一來乘客會更加注意自己的傘了。同時也可予人鐵路局辦事積極的印象。

如果你每天都走同一條路上下班，那麼首先要在三天中大約選一天走不同的路來回，試著創造一點異於平日的新體驗才好。藉此即使只突破一點呆板，而阻礙你走向積極的絆腳石，這也是件不錯的事。

除了常去的店，偶爾也衝進新的地方看看

心理學家哈洛以猿猴做了個有趣的實驗。用豐富的水和飼料將猿猴們餵飽之後，讓牠們解答困難的問題，並把問題分為六大部分，牠們先是莫名所以地望著，接著便解出答案了。但即使牠們解出答案也得不到獎賞。在猿猴們漸漸習慣於分解難題後，反而解題的速度加快了。

下一步便是縮短出題的間隔，並在長時間中不斷出題，聽說牠們竟毫不厭倦的接受挑戰。雖不明白猿猴是否真對解題感興趣，但可以確定的是：這其中多少伴隨著些「求知慾」。這是因為即使解出來也沒有獎賞所致。

人類的情況可說亦與此例相同。透過求知慾的滿足，更進一步激發從中發現樂趣的能力

。換言之，培養積極力時，有必要一點點的去刺激好奇心。只要是人，誰都會具有求知慾吧！積極人和消極人之不同，就在於是否能下決心，將好奇心歸結於行動中表現出來。

曾經聽聞關於某家電製造商之耐人尋味的故事，那是該公司董事和其司機在旅行時發生的一段故事：在汽車行駛中董事長突然下令車子暫停一下，於是司機將車停下來等著，不久見董事長拔了幾株雜草回來。司機便問道：「什麼啊？那麼髒的東西。」董事長答道：「也許它會意外地成為人們尚不知道的食物呢！創造財富的機會其實垂手可得！」

由這個小故事，可知有沒有好奇心，肯不肯嘗試，決定了一個是董事長，一個是司機，這樣的命運，也許有些誇張，卻也正中問題的核心。

儘管有旺盛的好奇心，若光想不做，只是好奇的話，消極人終歸是消極人。意欲培養積極力者，首先要由身旁微不足道的小事做起，便能發現因好奇嘗試而帶來的機會。

舉個例子來說：走進一家陌生的咖啡店看看吧！全然不熟悉的店，也許會令人緊張而望之怯步，但基於好奇，進去瞧瞧無妨，說不定是間氣氛極好的地方也未可知呀！

排除總是在回家途中進去小酌一番的店，偶爾也心血來潮地到陌生的地方去喝一杯看看吧，搞不好老板娘是個令人眼睛為之一亮的美人呢！或者有一群人的話，加入他們，「這個那個」地閒話也不錯！

漫畫及女性雜誌，雖然內容皆胡說八道，不切實際，但有時不妨也讀一讀，或許可找到新的話題。

像這類小地方得來的新感覺，相信消極的人也辦得到。以踏出的這一步為基礎，不久就能積極地參與公司內的讀書會，下班後的進修班等。如已至此，你早就搖身一變，同為積極人之列了。

在假日裡，穿著一身華麗的衣裳，大方地走在莫名的街上

個性內向懦弱的人，由服裝打扮上一望而知，他們不大會穿著得光鮮亮麗。不希望引人注目，而穿戴得樸素、普通，不引人非議，在我看來，不過是犯了二種自己未察覺的錯覺作祟罷了。

一是當事人自認為一般人不會去關心別人的事。這時問題的關鍵不在於別人如何看自己，而是自己過於在乎別人。

其次一個大的錯覺是：因不想引人注意，所以做此打扮。事實上他也不想在穿著上惹人注目，一如先前的想法，但這與真正的意願卻恰恰相反。因衣著不顯眼而成為焦點的例子卻

意外地多。

你要是任由這樣的錯覺限制住，那麼決不可能由消極、悲觀中蛻變出來。一次也好，試著狠下心穿著漂亮的衣服外出吧！只要有一回這樣的經驗，就應該可以了解到，根本不必在乎別人怎麼看。

自認性格消極的人；或不是那麼消極，但一時陷入低潮的人，勸你們在假日裡換上一套華美的衣服，亦或是突然想到的休閒服吧！穿戴整齊後，到附近走走，若已覺得沒什麼，不妨到百貨公司買一套衣服換上，然後穿梭於沒人認識的街道上，不是也滿好嗎？

不要小看服裝的效用，它的確會帶來新的體驗，更進一步走在沒有熟人的街上，可以打破日常生活的一成不變，是轉變為積極人的大好機會。你的步伐也該不可思議地變得輕盈才對。

在電車、咖啡店等地方，儘量試著挑中央的位置坐

觀察電車或咖啡店，會赫然發現到，大部分的人都先由角落的位子坐起。明明中間的空位很多，大家卻寧願往旁邊擠。這並不是什麼不能理解的事，在心理學上稱為「隱蔽意向」

，而上述例子只不過是在行動上表現出躲開敵人，以保護自己的心理罷了。

說得更清楚點，這種心理就是，與其讓自己暴身於廣大空間的中央，不如貼著牆站，這樣就算遭致攻擊，也易於防守。人類的自我防禦，說穿了，不過是種消極的行為而已，尤其愈消極悲觀的人，「隱蔽意向」愈強烈。

我在大學講課時，常見到大部分的學生似乎都坐在固定的位子上，而其餘沒有固定座位的人，即使早早進了教室，也不會坐在前排的位子上。我由此發現了選擇位子的方法，與聽講態度、學業成績，其實有相當的關連。

坐在講台正前方，接近我的學生「通常求知慾強，對上課內容具批判性，當然成績亦良好；反之，選擇較後排座位的學生，則上起課來顯得心不在焉，當然，也許正因如此而成績不理想。可是消極的人，難免會經常性地與對方保持距離。然而，距離愈遠，則進一步邁向積極的阻礙亦愈強。

看了動物園的猿猴區會發現，大部分的猴王都處於最高處睥睨四方，次一等級者則站在猴王正下方，然而弱小的猿只有瑟縮於角落的份了。消極的人，極易成為這角落的猴兒呢！

所以，不管你搭電車也好，去喝咖啡也罷，儘可能試著坐正中間的位子。在下意識對周遭漸升起的警戒心中，也能培養觀察環境的敏銳度吧！這和安然於向隅位子的經驗不同，你將感到心情的緊繃，若克服了此情緒，不妨再進一步，嘗試地坐在討厭和他一起開會的上司面前看看吧！

可藉著這些舉動，鞭策自己不得不努力的上進心，以蛻變而為積極人。在培養積極力的同時，最要緊的是，先矯正自己和周圍環境的相關位置！

進電影院時，由前門走入，並環顧一下四周

老是想著：「別人在看呢」，不僅會臉紅心跳，最後可能連話也說不出來，久而久之，你將變得退怯，保守了。尤其許多人碰上在結婚典禮上致詞，或非得在會議中提出精闢見解時，常懊惱自己為何這樣地放不開。

不過，此種保守、懦弱的性格，是只要每日做些訓練就可治癒的。說訓練也許太誇張了，改說成一種經驗亦無不可。

拿進電影院看電影一事來說吧，等眼睛習慣黑暗之後，試著毅然決然地走到最前面去，站在那兒左顧右盼。

起初會感覺被所有人盯著瞧，可是仔細一看，你會發現其實大多數的人，正受螢幕吸引

，根本無暇注意到你的存在，然後你就可以若無其事，大大方方地坐在前排空著的位子上了。接下來的休息時間，不妨再來一個這樣的舉動看看。

如此不加思索的站在衆人面前之體驗，可以選擇於最近，最易實行的地點進行。一兩次之後，你應該會意外的發現：別人根本不注意你的。回家的途中，這種你已意識到的小經驗，會漸漸地驅散你的膽怯，積極力亦一點一滴地滋長起來。

不僅在電影院中。佇立於人們熙來攘往的街頭，凝視過往人群，或在擠如沙丁魚罐的電車中，端詳看看到底車中有哪些人等等，都具同樣效果，而這等事，相信連消極的人也做得來才是。

有時，試著置身於高樓屋頂等駭人的場所看看

一個人在陷入低潮時，常常連心的能量也會朝內封閉起來。此時，請重新往內心深處注入活力吧。好比說一個人在心情沈入谷底時，他只要奮力一躍，便能扳回逆境、重回活力泉源。但對於悲觀內向的人來說，通常會任由這種情形持續下去。

「這種事萬一失敗的話，別人做何感想呢？」怯懦的人往往對於自己不幸失敗，遭致嘲

笑有過多的幻想，結果往往不敢向新的事物挑戰，而喪失自我主張。如此一來，根本無法突破困境。

倘若不能將朝內之心的能量向外釋放，則無法發揮積極力。但如何才能改變其流向？

方法之一乃是對精神上，肉體上施以衝擊，此好比使用離心分離機攪拌一般，期將能量之流向徹底地改變。話雖如此，但實際上並不需要真正的電流或繁複的手續。

例如，登上會令人感到頭暈的高樓之屋頂，或是在遊樂場所搭雲霄飛車時，試著坐第一排而不抓扶手，甚至將雙手舉高看看，乍看之下，這似乎是毫無任何意義的舉動。但當我們爬上高處往下眺望時，已產生強烈的視覺衝擊。

搭雲霄飛車坐在第一排也是一種衝擊。經常讓自己感受這樣的衝擊，如此心的能量才能向外釋放。

由這個角度來看，灸療也具有相同的效果。因為在灸療的過程中，精神會完全集中於肉體上之一點，由於如此，心的能量會逐漸向外釋放，當精神都集中於患部的熱度時，心則會朝外。

即使本身沒有實際參與，而只是經由電視看拳賽或棒球比賽，也能獲得類似的效果。當選手擊出全壘打時，投入球賽的現象會覺得那支全壘打好像是由自己擊出一般，而獲得想像自己以球棒打上司的快感。此乃代償心理之一，藉此可將朝內的能量向外釋放。搏鬥技能之所以廣受歡迎，正因其可以感受代償心理。

不論任何體驗，經常使自己處於震撼的狀況中，必能克服悲觀、怯懦的心態。

積極參加家長會、里民大會

為培養積極性，應儘量與他人接觸。人不能單獨生活或封閉自我。雖明瞭這種道理，但消極者往往不會善用機會，掌握時機。

通常，我們可以巧妙利用周遭的人們或輕鬆的場合，作為與他人一起行動的橋樑。例如參加家長會或是里民大會。也就是積極出席不會感到有強烈的負擔及責任感的集會，儘量使心情保持愉快，最初只是坐在角落，默默地參與即可。

我的鄰居中有位家庭主婦，個性非常消極，幾乎足不出戶。可是當孩子都就學後，為了孩子著想遂參加家長會。然而非常巧合地，她的名字竟被排在通訊錄的首位，因為居首，很自然地便被安排當負責的幹事。聽說剛開始時，她總會向其丈夫抱怨，可是不到一年，她就對家長會的工作愈來愈感興趣，甚至連個人的性格也為之轉變，之後就常聽其丈夫說：「她每天都很忙碌。」雖然在會場中一直保持沈默，但經過一段時間後，有可能會被安排當幹事。而且這種集會的工作人員，並不會每日受工作所束縛，所以壓力不會太大。

當經常與他人一起工作後，會慢慢習慣與他人相處。在不必負沈重的責任下從事活動或希望調整人際關係時，會不知不覺養成積極行動的習慣。

而且所負責的活動若能順利「完成」，必能產生成就感。即使是當舉辦宴會的籌備人員或是學校社團的管理者也是如此。我們應該以愉快的心情去參加集會，能夠的話，先在活動中擔任較輕鬆的職務。像這些小活動的累積，可培養自我的積極力。

與陌生人初見面時，先由自己主動打電話連絡

即使是大事業，也必須踏實經營，才能有所成就。消極的人，往往執著於大目標和結果，而踏不出最初的一步。在杞人憂天或想逃避現狀之前，應該先環視日常生活的問題，掌握表達自我主張及意志的機會。

若表達「自我」的經驗愈多，才能培養精神的能量，而勇於踏出積極行動的第一步。至於「表達自我」的機會，可利用交際或選擇各種機會。

例如和陌生人見面時，總是會有怯場或猶豫的心態。尤其是對方若是具有社會地位或難以應付的人時，更會令人裹足不前。由於如此，消極的人會委託他人代為安排見面事宜。即事前拜託與對方有深交的朋友打電話預約、或寫介紹函等，如減少心理上的恐懼。如此一來，反而會導致受非見面不可的義務感所支配，而更增加心理的負擔，因此容易怯場而喪失自信。有些記者或採訪者會透過我的朋友來拜訪我，但多數的人都不太沈穩，且訪問多為形式化而無太大意義。

與大人物見面時，不要想太多，也不要透過他人的介紹或援助，而應由自己主動打電話或寫信，主動踏出第一步。查電話號碼或考慮如何寒暄的過程中，會不知不覺地發現與對方見面並不如想像中的可怕。因此，能以更積極的心態、有自信地與對方接觸，而促進洽談的成功性。

其實這這種方法在心理學曾經提過。輔導諮詢領域分為指示療法與非指示療法兩種。所謂指示療法是由指導者向患者提出建言或指示，直接調整生活模式的療法。

例如，將治療的日期告訴患者時，「指示」患者「請您○月○日○時前來報到」。如果持續採此療法，患者會逐漸採取被動的姿態，而愈來愈依賴指導者。因此，患者依自我意志治療的決心會愈來愈稀薄，即使長時期治療，也難以完全根治。

反之，非指示療法又稱當事者（接受諮詢者）中心療法，此並非由指導者直接治療患者，而是讓患者產生自我治療之心態的療法。在此療法的過程中，指導者絕不會指示與患者見面的日期。若必須指示時，也僅表明「○日的○時至○時隨時都可以來」。來訪與否由患者自行決定。即主體為患者，指導者不過是站在配角的立場。由於如此，患者的態度會轉為積極，而提早痊癒。

依此兩種對照性的療法就可看出，當我們採取行動時，是否能採取主動及積極性，決定日後行動過程的艮窳。當我們要與陌生者見面而心生膽怯時，請介紹人幫忙反容易使面談失敗的原因，在於無法擺脫被動的態度。反之，主動往前踏出就容易產生一口氣衝至終點的積極力。總之，要和某人約見時，不要一直為「對方是否會接受我的訪問？」或「不知該如何啟齒」所惱，而直接打電話給對方。

進入店裡，先與店員打招呼

「首次蒞臨的顧客中，會主動打招呼的客人要特別注意」——這是一位餐飲經營顧問告訴我的一則服務顧客的大原則。當服務員問點什麼菜之前，會主動詢問「你們餐廳的招牌菜是什麼？」或是「今天的主菜是什麼？」的客人，是比較講究飲食的人，同時對待客的方式也很在乎，倘若能滿足這類型的顧客，日後其成為常客的可能性相當高。

其實他說的話也可以這麼解釋，當我們先開口問候的同時，服務員的態度會變得比較誠懇。此行為是擺脫消極的最佳手段，總之掌握機會，積極向他人寒暄。

例如買東西時，不要只是默默地選擇自己想要的商品，而可以告訴店員自己想要什麼形狀或顏色的款式，或者有什麼目的，如此店員可以提供一些建議，以增加彼此對談的機會。基於做生意的前提，店員多半不會主動排斥顧客的問題，而會積極提出意見。

還有初至陌生的場所時，不要一直看地圖或告示標誌，可以在買煙時問店員路怎麼走。或是搭計程車時，可以問計程車司機。另外，找資料時並非只依靠書本或指南，也可以利用服務中心或電話服務。

向陌生人詢問必須提出一些勇氣。這對消極者而言尤其痛苦。但不管是多消極的人，遇到難題總需要找人商量。

所以，主動製造類似的狀況，可以訓練積極與他人交談的能力。

反覆訓練自己與陌生人搭訕的習慣，以積極建立自己的人際關係。

在賀年片等的節慶信件中，可略寫些近況

由於職業之故，每年總會收到許多暑期問候信或賀年片。每封信都讓我感到很欣慰，尤其是收到畢業後的學生所寄來的信，更令人感到高興。所謂「人一分開就會漸漸疏遠」，即使曾經是徹夜長談的學生，畢業後倘若毫無再見面的機會，則其臉孔與名字將會逐漸聯想不起來。所以暑期問候信件與賀年卡是我記憶他們最寶貴的資料。

由於廢止形式禮儀之呼聲高漲，節慶時寫賀卡的人愈來愈少了。其實若要以自然的方式來表達自己，寫賀卡是最好的方法。每年，用賀卡來表達自己，描述自己之同時，也增強積極力。

但在寫賀卡時，若只寫上「恭賀新禧，今年拜託您多指導」等客套話，或只寫住址及姓名的話，仍屬消極性。因為這種方式完全無法表現「自我」。

在我所收到的賀卡中，許多是屬於這一類，即使反覆看好幾次，仍無法聯想寄卡片的人。這種作法無非將好機會白白放棄。

我們應該利用寫賀卡的機會，培養自己的積極心，為此可在賀卡中寫些自己的近況。例

如：「別來無恙。我已慢慢習慣當社會人的生活……」或是「十月份我將產下一名男孩……」等等，反正生活中所發生的事都是書寫的好題材。這種做法，即使是消極的人或是不擅長表現自我的人也可輕易辦到。

外食時，不要任由他人點菜

漫畫家東海林先生曾在某份雜誌中描寫「大鍋菜文化」，其完整地剖析吃大鍋菜者的深層心理。

東海林先生說，一起吃大鍋菜的人，乍看之下好像彼此互相信賴，具有互讓精神，自我抑制力強且氣氛和諧，而實際上，在人們的心中，卻是詭計多端，打如意算盤，謀求利益，好面子等等，懷有種種邪惡的念頭。也就是說，沒有比吃大鍋菜更能將人類的個性暴露於飲食之中。

消極的人無論何時與誰一起吃大鍋菜，總是扮演被命令者的角色，而無法成為「支配場面者」。這樣的人受到他人邀請「我們去哪裡吃飯？要吃什麼？」時，往往會回答「隨便」，即使在餐廳點菜時，也完全憑對方決定。

培養「上進心」的十項條件 4

對自己的行動找藉口或冠上「大義名分」

由於我職業的性質，必須經常與出版社、雜誌社的編輯一起吃飯，因此我發現回答「隨便」的人，往往無法明確表達自己的好惡，甚至連看菜單也難決定吃什麼的人，在工作方面必定比較消極，因而讓我在洽談時產生「若委託他會不會有問題」的不安感。

也許各位讀者會感到納悶，認為對食物的選擇真能決定人類的個性與能力嗎？其實，人類本能的最大「慾望」之一即是吃東西。更何況慾望乃是一個人固有的特性，按理而言應不能受他人支配。因此過於隨便讓步或附和，自我的個性勢必會愈來愈消極而不利於工作。

人類本能的慾望受人支配或讓步並非美德。不管是一起吃大鍋菜或在其他種類的餐廳進餐，都必須表明自己的喜好或主張。好好利用日常生活中一些小機會，以促進自己的積極力。

自己的衣物應由自己選購

依一家大型服飾廠商針對企業界管理階層所做的問卷調查顯示，大多數受調查者都是親自選購自己所穿的衣服。從領帶、西裝、襪子、手帕等不論多小的衣物，都親自選擇適合自己個性的種類。

我認識一位董事長，他對自己的穿著從不委託他人選購。他曾驕傲地說：「十年來在都市內所舉辦的衣服特賣會我都親自去看過」，且更自豪地表示：「男性愈能積極地穿著，在事業上愈能成功」，他的主張印證了前面所提到的問卷結果。

同樣是企業人士，但所謂的「窗邊族」（較不受重視）和「普通職員」則對自己的穿著較不關心。其穿著大多是由太太所支配，自己從未買過一條領帶或襯衫的人不少。其可能是覺得麻煩或因尷尬的心理所造成，但這種消極性卻在工作方面造成負面效果。

我們常會聽到一句話「裝扮乃最佳的自我表現」，尤其是容易陷入穿西裝、打領帶的同樣模式的上班族們，特別需要留意此點。適合自我個性的西裝或裝飾物，才能充分展現個人的魅力。

不管是多小的物品，只要是自己所使用的東西，不受他人安排才能培養積極力。

旅行時，避免行程完全受他人安排，而應選擇自己時間多的行程

擅長諷刺、批評且行動充滿活力的竹村健一先生曾說：「當大部分的人都向右時，您應大膽地向左看看。最重要的是，自己要擁有主體性，考慮哪方對自己有正面效果後，再採取

行動，總之，要改變只模仿他人而行動的態度。」

他認為，盲目跟著別人走是不會產生正面效果的，以培養積極力而言，他的想法非常值得參考。與大多數的人一起集體行動，當然安全且失敗率低。可是一味依賴他人的話，絕無法排除自我的消極性。欲成為積極的人，必須擁有迎接困難及危險的決心。由此看來，至陌生的地方自助旅行最適合培養積極力。

古有諺語云：「要讓愛子多去旅行」，這是意謂能克服旅行中的不安和困難者，才能迅速成長，以養成克服困難的能力。

就我所知，在學生時代就參加海外自助旅行，或沿途搭車旅行的人，幾乎都能就職於一流企業。不管是實行能力或企畫能力等，在企業界方面評估員工的理由有好幾種，而其中最受重視的乃為「積極力」。因為他們認為，積極的態度必有利於企業活動的進行。

與沿途搭車旅行比起，團體旅行根本無法培養積極力。本來必須由自己應付的問題，已由旅行社或航空公司代辦。或許有些人是因為團體旅行較便宜，才選擇團體旅行的，那麼在選擇團體旅行的種類時，應選自由時間較多的旅行方式。

一直跟著他人而行動的旅行者，容易在集團中喪失自我。然而欲旅行的想法可說是積極力之「芽」。因此參加能夠培育積極力的旅行才有意義。

在空閒的日子找事做也能培養積極力

有一則這樣的笑語，有兩堆放在方向不同的食物，在完全等距離、等條件的情況下，一隻驢子因為不知至哪堆吃，結果餓死。以驢的故事來比喻自然不妥，但古來有句諺語「追二兔不得一兔」，正說明若目標不明確則會產生困惑，使注意力無法集中而阻礙積極的行動。

在我們日常生活中，不僅為二兔，有時甚至為三兔或四兔等更多的選擇條件所誘惑。在此狀況之下，應該斷然捨棄一些目標。擁有這樣的勇氣，才能使目的、目標明確化。唯有擅於掌握目的、目標，才能成為積極者。

掌握目的、目標雖能培養積極力，但有時目的、目標並不明確。乍看之下，剛好呈現兩種完全相反的情形。簡而言之，其一是目的、目標過多，其二是幾乎沒有目的、目標。

第一種情況以忙得不可開交，經常陷入虛脫狀況，有無力感、喪失目的的上班族最為代表。人類的能力有限，但現實狀況卻要求人們做過多的事情。

但是人們由於太過貪心，凡事都要插手，以致於落入「追二兔」的困境。

要克服這個困境，必須下定決心選擇其中之一，其餘則完全捨棄。當眼前要做的事太多，會容易喪失工作意願。消極的人，一想到達成目標之前還必須走一段漫長的路程時，就會產生挫折感，一旦無法達成目的，自然會陷入無力的狀況中。在此將介紹我的一位具有語言天分的朋友之例，提供大家參考。

他對英、法、德語非常熟稔、能看俄文、西班牙文的原文小說，某日我曾向他請教以何方法學習那麼多國的語言。

「不要一開始就想學習所有的語言」他這樣回答。其實由何種語言開始學習都無所謂，但最好先學會最普及的英語。聽說他唸高中時，只具有普通的英文程度而已。

後來他發現，英語受法語、德語的影響頗多。因此他則先由這些語言著手學習。另外，他也調查了日語化的外來語。在研究的過程中他發現，其實各國的語言都互相有影響。

當他比較各國的語言之中，發現在歐洲影響力最大的語言乃為拉丁文，由於如此，他遂向拉丁文挑戰。「後來自然就了解這麼多國語言」朋友微笑地說。

不容易擬定目標、目的的原因之一乃是無法發現目標，在日常生活中我們經常會遇到這樣的困擾。尤其是處於不滿意的工作場所或是惡劣的人際關係中時，精神與肉體上都會陷入低潮，因而導致渾噩度日或漫無目的地行事。

處於負面的狀況中，則難以尋找自我積極挑戰的目標。因此，必須選擇處於非正面或負面的中間性狀況中，再反覆設定目標執行。

例如，在沒有事情可做的日子。在沒有特別的事要做的星期日或假日，不管做什麼都好，總之自己找一件事來做做。像是到各家百貨公司逛逛運動用品專櫃、或在書店仔細閱讀一本暢銷書，或去拜訪一直想去探望的朋友等，在毫無預定的情況下，找些事來做，像這樣擁有想開始去做的心情，就能培養積極力。

每天早上想出一種當天想做的事

通常泥水匠、木匠、園丁等被稱為工匠之人，都非常重視工作行程的安排。俗話說：「程序八分、工作二分」，如此一來，當日所預定的工作才能完全做完。倘若沒完成工作則會感覺不舒服，即使喝酒也無法盡興，因此即使沒加班費，也會自動留下把工作做完，而在回家的途中，已開始安排翌日的工作行程。

但有位被稱為師父的工匠曾表示，對於將工作程序安排妥當且循序進行的方法，反而覺得沒什麼挑戰性。他說，大多數的工作都有大大小小的問題，也就是問題點所在，而在每天絞盡腦汁地解決問題時，他得到了一個結論：「工匠是人而非機械」。

在我們日常生活中，總有許多被安排的事或要做的事，每天都得按既定的程序進行。只要照著行程去做，生活自然少有波瀾。

但是這種他律性的生活，乃為積極力之大敵。雖工作的生活原則上屬他律性，但每天早上個人其實是可以安排自己的工作程序的。其關鍵在於自己是否是出自內心、自發性地、以自我實現的方式去思考。

例如，某營業員如下設定了某日的工作行程：「一至公司後我必須先打電話給十幾個潛在的客戶，十點時要參加營業會議，下午必須訪問已約好的A先生和B先生。傍晚回家時要整理好幾天都忘了整理的業務日報……。」

對該營業員而言，確實自己預定了工作程序，但其完全以「必須要做的工作」為考量。

或許有些人會想一些可有可無的活動，如「今天工作結束後，我要去逛唱片行，或想和朋友聊天，去看電影輕鬆一下」等。

可能也會有人幻想著：「晚上若能與街上美麗的女子聊天該有多好。」的確，這些都是屬於自發性的想法，不是必須要做的事。但此無助於培養積極力。

一般人往往無法發覺希望、願望，和目的、目標之間的差距。「今日想賺十萬圓」的希望與「今日一定要賺十萬」的目標其實是有天壤之別的。所謂的目標乃含有強烈的自我意識，並考量現實性與可行性。這正說明「成功者充分了解目標和願望之差距」。

由此看來，每天早晨在規劃當日所必須做的事時，其方法可分為能培養積極力及不能培養積極力兩種。總之，每早必須認清應該自動自發去做的事，且設定實現的目標，並規定自己要於晚上十二點之前完成。

其要訣首在於具體地思考。即使只是小事一樁，例如：「今天我一定要去朋友一直推薦的那家口碑載道的麵攤吃碗餛飩麵」，或是「今天我下定決心要與那位經常在車站遇到的女孩，由同一個車門上車」等等，每日積極設定一項「確實能完成」的目標。

不管是多小的目標，或是他人認為是無聊的事。只要能確實實行，自然能培養積極力。只要每天早上能發自內心設定一項目標，那麼這種態度自然促進自己積極地行動。雖基於現實的考量，暫時無法達成目標，但只要開始著手，掌握契機或採取行動時，您就可以明顯地發現與過去的差距。

以書寫的方式將籠統的希望「視覺化」乃為實現目標的第一步

在N・V・皮爾所著的『積極思考方法的力量』中，一直反覆強調「相信自己想要達到的目的及期待，並在心裡加以描繪」之重要性。我們不應使在前面所提到的希望與願望，成為泡影而幻滅，而應該積極迎接新的一年。

這是重視信仰的美國人之想法，他們相信只要去實現就能獲得成果，以日本式而言，就是肯定「念力」的效用。

但即使用「念力」，而只是經常思考自己所希望做的事，也能夠促進積極力，以提高成功的機率，這在心理學上曾經提出過。

其實僅是「相信」或「祈念」也並非簡單之事。倘若想自然地獲得這種心理的效果，方法之一是將自己的希望以文字表現，也就是視覺化。

例如希望取得汽車的駕照。但只是這麼想並無法實現。或許您可以製作一些「一年內考取汽車駕駛」的小卡片貼在書桌前，如此即使平日因太忙而忘記，但只要一坐到桌前時，自然會記起。因而增加採取「今天有空就至駕訓班報名」的具體行動之可能性。

將希望、願望視覺化，在反覆注視的過程中，會產生積極的幹勁，而且這種效果會持續保持。因此，挑戰成功的機率自然會提高。

描寫藉由信念來達成任何事的『信念的魔術』一書的作者克洛特•普理斯杜爾強調，應該將維持信念的具體方法寫在五張卡片上。每張都詳細描寫自己的希望。而將其中一張放在錢包、一張貼在洗臉台上的鏡子、一張貼在廚房的流理台、一張放在汽車的駕駛座前。在每日都會看到的情況下，不知不覺中將意念落實。

也有類似的一個例子。據說某職業高爾夫球手在打球之前，會先在腦中描繪球所走的路線，如此在打球時，身體的動作就可以配合路線而不會打錯。

在日常生活中也是如此。假定想買汽車，就將汽車的照片、型錄貼在經常會看到的地方。如此，在生活的過程中，就會產生「想買車」的意識，而會節省開支以儲存買車的資金，另外加上夢想著買車後的生活情景，如此一來，不僅能加速實現買車的願望，也能使自己變得更積極。

將腦中幻想的抽象願望，以照片、卡片或文字等具體的型態表現。這種「視覺化」能促進行動變為實際且具體，有助於積極地生活。

對「隨時可做」的事擬定行動預定表

通常，對於規定截止日期，或是定期的工作，多半需要擬定妥善的計劃表。這種計劃的過程雖屬自發性，但多少帶有一些被迫的意識。倘若對他人「交待的事」視為「因被交待所以才立計劃、定目標」，則無法擺脫消極的個性。

一般來說，「工作」本來就具有這種特性，例如，人們都希望能做期限較充裕的工作或是「隨時可做」的工作。即使非本行的工作，也有許多是「隨時可做」的工作。

但是，我們對這種無期限的工作，容易採取忽略的態度。不過若以培養積極力的觀點來看，這確實是一種好方法。

因為我們對於「隨時可做」的工作，可依自己的想法來擬定目標。即對「隨時可做」的工作，可以擬定嚴密的行動預定表。在擬定的過程中，無須徵求他人的意見。為了讓工作能夠在適當的時期進行，就必須為「隨時可做」的事設定嚴密的計劃。相信此方法必能培養積極力。

如果在製造「取得駕照」的卡片上註明「○月中必須取得駕照」，則可給予自己更強烈的規定。進而鞭策自己。

若能將這種計劃日曆化則更有效果。例如○月○日前往××汽車駕訓班領取報名表。○日報名。○月○日要通過駕訓班的考試。○日要通過檢定考試取得駕照。

將這種行動日曆盡可能具體化。明確記載日期、地點、及做何事等。設定目標，將某日完成第一步驟、某日完成第二步驟寫清楚。

當然也有可能發生無法按照行動日曆進行的情況、在此狀況下，要反省是否是自己努力不足，或想法過於天真等等，檢討之後再擬定下次的計劃。

雖說是「隨時可做」的事，但也不能加以輕視。因為這種「隨時可做」的事，最容易成為「一直無法做」的事。由此看來，製作行動日曆的方法正是將「一直無法做」的事加以整理，而成為「隨時可做」之事的好機會。

例如衣櫃的淸掃，書本的整理等，是最容易被延誤的工作，若能採取這種行動計劃，就可以迅速將工作完成。而工作後所得到的成就感，也是促進這種方法的原動力。

一旦體會過一次成就感後，就會希望能再做一次，以體會這種感覺，在不知不覺中自然可培養積極力。

即使是歪理，也應該經常對自己的行動冠上「大義名分」

樂聖貝多芬在失戀、疾病、貧困等各種不順遂的生活中，幾次想自殺，但最後還是堅強地活下去。當他得到音樂家最忌諱的耳疾時，曾沈重地感歎為何只有自己遭此苦難。

在這種不幸的命運中，使他堅強活下去的唯一理由是，他認為這種嚴苛的命運之考驗，是神為使自己變成更堅強，更偉大的音樂家，所施予的訓練。他相信神為了造就一個人，賦予其堅強的毅力，必先施以苛酷的考驗。

這種想法不僅是基督教，也是許多宗教的基本想法。因為這種思想能使因不幸而喪失鬥志的人重新鼓起勇氣，恢復積極力。

尤其對毫無信仰的人來說，這種想法能夠激勵即將枯萎的心。對自己希望做的工作或非做不可的工作，能夠積極去嘗試。

不一定得像貝多芬那樣，從事高尙的工作才行。即使以歪理解釋自己的行動或生活方式也無所謂。

例如「雖然現在無法出人頭地，那就當作是為下次進軍的準備期間吧！」或是「在全世界的人之中，只有我掌握自己的人生」等等，為自己的行動冠上各種「大義名分」。

再則，這樣做並無關「大義名分」的好壞，當我們欲冠上「大義名分」之同時，正是對自己的行動與存在加以肯定，賦予意義，而能積極發揮內心的力量。

第三章 有備無患

——善加利用怯懦、不安

建立能夠即時與可能和自己有接觸之人的連絡方法

怯懦的人，因為追求完美主義或有不完美的感情，因此很難踏出第一步。想做某事時，經常會猶豫不決。一旦付諸行動後，總會先想到失敗、危機，從採取行動的第一步起，心理會產生極大的抗拒感而怯步。

然而，「有備無患」乃是克服此困境的最佳方法，事前將自己的願望準備妥當，則能放心踏出第一步。

例如，有時我會突然想和學生時代的朋友見面。如果當時我知道該友人的連絡電話，就會主動打電話聯絡、約定見面時間。但如果不曉得連絡電話，就必須去查閱通訊錄。因此會覺得麻煩而暫時擱下。

希望做某事但必須先「調查」後才能做時，往往會覺得受阻而無法踏出第一步。這種感覺麻煩的心情，任何人都有過。尤其在工作方面，一直沒有連絡而某日想開始聯絡時，可能已錯失良機。消極的人，內心對此障礙的抗拒感頗大。

若平時就能建立與自己有關之人的連絡方法，則可減輕阻礙培養積極力的心理抗拒感。

準備的方法如經常將記著電話號碼或連絡處的記事本放在身上，或是袖珍型的電話本亦可。以小記事本而言，不用帶太多。只要準備一本即可。配合自己的計劃表，將可能和自己有接觸之人的連絡方法寫在上面。

想要掌握與對方的連絡方法也可以利用名片。名片平時就必須加以整理，否則一旦要使用找起來會相當耗時間。必須經常連絡的人可將他們的名片放在身上，若有機會經過其住所時，可順便打電話連絡約見。

可能和自己有接觸的人，可由自己選擇。只因寒暄而交換名片之人自然沒有連絡的必要。其他如和自己的工作有關之人，可能把自己介紹給他人的人，或可能成為自己日後的資訊來源的人，都可列入考慮。平時應為自己的人脈多做準備，如此才能克服障礙踏出第一步。而這一步正是培養積極力的基礎。

儘可能詳細準備資訊來源的名單

現在是資訊化的社會，四處充斥著大眾傳播、小眾傳播、電視、廣播、廣告等眾多的資訊。儼然成資訊的洪水。為此在收集資訊時變得相當艱難。此乃資訊快速膨脹所引起的消化不良現象。

時勢所趨，有關資訊處理術的書籍如雨後春筍般地出版，在衆多的方法中，確實有提高積極力的方法。

為了處理新的工作，遂胡亂收集相關資訊，雖資料堆積如山，仍是徒勞無功。消極的人，雖獨力能將資料收集，但往往不知由何處著手，而無法踏出第一步。再加上其有強烈的完美主義，因此容易收集過多資料而使檔案過度膨脹。

與其徒勞無功地進行，不如詳細調查應在何處調查何事，或在何處尋找資訊比較有效。對研究新的課題之前，必須先了解如何迅速獲得所需的資料。例如，應該準備什麼資料，在何處可以收集，應該如何收集等等。

由於有自我的參考系統，因此在籌劃新的事業時，就容易踏出第一步。如果您是完美主義者，且擁有不完美的感情，只要事前做好「萬全的準備」，行動自然果決而積極。

另外，記下名言要事也非困難的事，例如聽到某話題中感興趣的事時，可留意其出處。再則可利用書店，書本乃是資訊的寶庫。當然，我們不必買所有的書籍，但至書店時，可先了解何處擺放何種書，必要時可加利用。有空可多至書店看書，將重要的事記下。

資訊的整理技術有專業的方法，已故的大宅壯一先生曾獨力整理資訊，建立文庫，以提高積極力。當然各位不用這麼費心。只要平時做好詳細的備查資料即可。這種準備工夫將能培養積極力。

記錄自己喜歡的格言、名句，在說話時加以應用

「人對怯懦不感恥辱時，比希望壯烈成仁更偉大。」

這是在山本周五郎先生的代表作『殘留的樅樹』中的一句名言。『殘留的樅樹』是描寫伊達藩元老原田甲斐艱苦的一生，曾改編為電視劇而廣受好評。這句話的意思相信大家都很清楚，如果您能將此句話記在筆記本上，那麼某日聚會突然被邀請發表感想時，就可利用此句話當開場白。

與其使用不高明的開場白，倒不如利用名句、格言反而使人印象深刻。

此時當然還有其他的效用。怯懦的人，突然被指名時會感到非常恐慌而說話結結巴巴。但如果事前能將一些格言、名句記在筆記本中，情急時便可加以利用，克服困境。膾炙人口的格言、名句多半意義深遠，非常適合用於正式的演說中。

借用格言、名句的效果，而克服尷尬危機的體驗，能使自己產生自信。由於產生「自己

也能做到」的想法，因此能將被動轉為積極。平時，藉由讀書或聽到自己喜歡的格言、名句時，應該記錄在隨身所攜帶的筆記本上。事前再稍做準備即可。

事前有所準備者，自然敢出席過去不敢出席的集會。即利用消極者具有的完美主義的心態。

在「我已有萬全的準備」下，克服過去裹足不前的心態，勇敢踏出第一步。

另外，平時所記錄的格言、名句，在自己心灰意冷之際，翻閱時也有鼓舞的效果。為此，必須選擇「力行就能成功」的格言。

我有一位朋友是國際航線的飛行員，在他的記事本中寫著「生死有命，早逝非短命」的一段詩。他說：「每當我默唸這首詩時，心情自然會平靜下來，而能克服危機，積極採取行動。」

隨身攜帶自己的照片，灰心時就拿起來看

觀看有名的運動選手，演藝人員在自宅接受訪問、拍照或做電視節目時，總是在放置各種獎杯、獎狀的房間中接受訪問。看到此景可能有不少人會認為運動選手或藝人都是比較「

虛榮」或「喜歡緬懷過去」。

或許確實存在著這種心理因素，但他們喜歡以充滿光榮獎章的房間為背景也帶有另一層效用。只要是目前仍活躍，他們都希望能留下更好的成績、記錄，以其需要發奮的題材來激勵自己。

因此，人們會將過去英勇的表現所獲得的獎杯、獎牌、放大的照片等放在房間「裝飾」。人在思考事物時，往往善於利用聯想力。尤其若以特定的物品為媒介時，回憶會隨著該物品逐漸展開聯想的範圍。當我們看著優勝的獎杯時，當年獲勝的情景將如走馬燈般一一浮現在腦中。而照片將更直接地喚起人們過去的記憶。

即使是內向的人，也可以做到將自己的照片帶在身邊。而且必須選擇最具代表性的照片。如此在灰心時，必能成為心靈的「恢復劑」。

以在「榮耀的時刻」所拍的照片最好，即使帶有「表演」的味道也無所謂，只要觀看時能夠振奮精神即可。

在運動時，擺出漂亮的姿勢，充滿活力、有幹勁的照片，或是洋溢著幸福的照片，或是愉快地開懷大笑的照片等，只要具有「自我本來的風采」的照片都可以採用。

將這些照片放在皮夾中，當憂鬱的星期一早晨或因宿醉而感到惱怒的清晨，就拿出來看一看。如此一來，便會覺得「雖然現在精神不振，但這並非原來的我。這張照片中的我才是真正的我」而恢復原本的幹勁，提升積極力。

在會議之前，先擬定論點的檢查表

事前準備，以培養積極力的方法，可利用針對企劃案所使用的檢查表。通常評估企劃有如下幾項要點：①是否檢討過所有的代替案？②是否能再節省經費？③本案是否在五年、十年後還能通行？④規模是否太大？⑤是否具有宣傳的效果？……。

此後尚有諸項，當我們將這些檢查點製成表格，逐一檢討後，自然能看出企劃案的優缺點。

在會議中，當對方滔滔不絕地討論時，消極的人勢必會受其強勢所影響，即使對方的論點或構想並不出色，也容易在精神上居劣勢。

如此一來，勢必陷入只是「洗耳恭聽」的狀態中。在此情況下，只要事前做好準備，即使對方的聲音再大，自己也能佔優勢。其準備的方針乃是在參加會議之前，先找出討論的要點及準備檢查表。

所謂企劃之檢查表是能夠檢查對方的論點、內容的各項檢查要項。其實做任何事都不可能十全十美，即使在能言善道的演說中，也有其缺陷。但我們並非要故意找碴或吹毛求疵。而是希望藉由檢查點來觀察整個議論、也就是說，自己站在客觀的立場，由檢查項目來找出議論的缺失或遺漏之處。

通常我們只要提出疑問即可。在會議或議論中只聽不講的人，可以藉由質問加入討論的行列。

由此看來，檢查表可促使裹足不前者踏出第一步。倘若您的質問一針見血，相信周遭的人將對您另眼相看，而這種成功的體驗，正是培養積極力所不可或缺的要素。

與衆人說話之前，先以鏡子檢查自己的表情

雖在小說中這麼描寫「他因為太緊張，所以眼皮直跳，下巴不停地打顫……」，但實際上，一般人並不能淸楚感覺到自己表情的變化。

因此，除了由說話或動作之外，無法察覺一個人是否緊張。即使如此，多數人在重要場合時，仍會擔心自己的臉孔是否蒼白或者是嘴唇是否發紫。

消極的人這種傾向更強烈。因此反而會顯得焦慮，使自己的動作和說話不順暢，如此他人自然可以發覺。

不必要的緊張感會引起內心的不安。然而，大部份的人總是會陷入此瓶頸。故因過度緊張而無法說明自己的意見。

於是聽衆很清楚就能判斷：「這個人消極而且內向。」這種感覺會使自己愈來愈消極。

通常在戲院後台都有與身同高的鏡子。專業的演員會在鏡前檢查自己的臉孔，肢體語言和服裝。確實檢查自己是否能表現出自在的「表情」。當一切都沒有問題後，自信自然產生。而這分自信正是演員極力追求的目標。

其實女人與演員也有雷同之處。當女人面臨重要的場面時，會取出粉撲盒以審視自己的臉乳，或至化妝室補妝。即檢查自己的裝扮是否呈現最佳狀況。一旦滿意自己的儀容後，自然能產生自信以消除緊張。

當您必須處於衆人面前時，可學習專業演員或女性照鏡子的方法。排除緊張後自然可獲得意想不到的效果。

多累積這種經驗可減輕對他人的抗拒感，促使自己積極進取。

做任何事都先考慮「次善的對策」再開始行之

在大學入學考試時，常會聽見大家使用「防止滑倒」的用語。這是因為大家都希望能上一流大學，但想到萬一落榜，故也會去報考二、三流學校。

當考取這種所謂「防止滑倒」的大學後，再投考心目中理想的一流大學，則可消除過度緊張的心情，而輕鬆地參加考試。

缺乏積極力的人，往往做事之前會想「可能會失敗吧！」而裹足不前。而且，大多數會對具體的結果感到擔心的，多半是因為「難為情」、「不好看」等心理、外在的因素所造成。

因此，當我們在做任何事之前，應先考慮「如果失敗，就以此方法來彌補」的次善對策。而且次善的對策必須具體落實，如此才能輕鬆踏出第一步。

明治時代的英雄大久保利通曾說：「若得不到最善，就求次善；若得不到次善，再取其次善。」事前，我們就必須考慮失敗時的對應方法，以便隨時變通，此才是最實際的作法。

仔細觀察不難發現，其實事物都是多面性的。或許由某個角度來看是正面的事，由另一個角度來看則可能是錯的。因此，我們必須朝最正確的方向走。

對相同的事物，只要改變想法，一定可以找出另一條道路。有時候或許會發現其實次善的對策才是最佳的對策。故與其煩惱而不採取行動，倒不如經常設想次善的對策。此正是邁向積極的第一步。

儘可能和他人一起進餐

任何人對自己擅長或習慣的事都很能幹。這是因為有過成功的經驗，因此事前不必忙碌地準備。內向的人，若能在自己擅長的領域做事，必能發揮實力，積極進取。其關鍵在於：不要在別人所設的範圍，而要在自己所設的範圍競爭。

所謂「為自己的利益著想」就是做事時能考慮到自己的方便，因此，欲成為積極者，捷徑即是去體會將對方引進自己所設定之範圍的秘訣。

最理想的人際關係即是互相能感受到「與這個人見面真快樂」的感覺。當有人問起「您有沒有要好的親友？」時，多數的人都會直接聯想到玩伴的名字。

作家故梶山季之先生曾寫過：「與其交談幾個小時，不如共餐一次；幾次的共餐，不如喝一次酒；然而一起玩一次女人，又勝過喝幾次酒……」，他認為這是培養親密關係的秘訣

培養「上進心」的十條法則 5

什麼事都好，先成為某事的「資訊通」。

。這點巧妙地說中人互相交往的基本。一起共享快樂的體驗，能使對方產生「快樂」的印象。快樂的體驗和快感不勝枚舉。用餐、喝酒、與女性及與工作無關之人「聊天」都是非常「愉快」的事。旅行、運動、興趣等對一般的人而言是屬於「愉快」的事，若經常與一起做這些活動的人相處、自然能培養「一見面就感到快樂」的關係。

而建立親密的人際關係之捷徑在於共享這種愉快的體驗。毋庸置疑，消極者的人際關係是封閉的，而這種方法正適合這類型的人。

因此，我們可以將對方引入這種快樂的體驗中。即利用此快樂的體驗，做為將對方引入利己的範圍之手段。即使是怯懦的人，在自己熟悉的範圍也能掌握主導權。

首先，我們可以和某人共進午餐，用餐時不用說什麼特別的話。據外山滋比古先生（昭和女子大學教授）解譯，在英語中，表示「夥伴」（companion）的語源即是「共同進餐的關係」，因此，大家應愉快用餐。

所謂「吃同一鍋飯的夥伴」表示彼此之間有深厚的友誼關係，故請您先吃「同一鍋飯」看看。

我曾認識一位精力充沛的財經界人士，他一看到人往往會說：「一起去吃飯吧！」或是「還沒吃飯吧？」如果對方回答「還沒吃」時，不管中午或晚上，他都會邀請一起去用餐，並且問對方「有無有趣的話題」而滔滔不絕。不僅是這位從事積極性工作的財經人士，連議員、演員、新聞界人士、運動員等，他經常將「找個機會一起吃飯」當口頭禪。

他們並非有所計謀才這麽說。而是經由過去的經驗發現，積極的人，往往會利用與他人一起用餐的機會，將對方引入自己所熟悉的範圍中，以此拓展人際。

其實人與人的交往是非常有趣的，通常在初見面時感到快樂，且不膽怯時，就容易拓展日後的關係。如果您是怯懦的人，可先利用共餐等容易著手之事，將對方引入自己所熟悉的領域，再拓展人際關係，如此一來即可培養積極力。

不僅與他人在外共餐，偶爾也可邀請其到自宅

廣受歡迎的職棒隊都擁有各自練習的球場。例如讀賣巨人隊的球場是後樂園。根據年度統計，依各個球場的比賽狀況來看，通常每個球隊在自己的球場比賽，比在其他的球場比賽來得容易獲勝。

這乃基於當地民衆的意識及地利所致。人與人的交往亦同，不管是誰，在自己熟悉的地區活動力則較旺盛。即在自己的家中，縱然是消極的人，也能夠解放自己，積極進取。

為此，偶爾可邀他人到自宅。例如與他人在外共餐時，可選擇一適當時機邀其到家中。在自己為主、對方是客的情況下，為了招待客人，自己會變得比較主動。在自己熟悉的家中，行動會比較積極。再則訪客心中必會有所顧忌，因此，可由自己掌主導權。

此外，邀請他人至家中吃飯，可使對方產生在外面約見所無法體會的親密感。藉由共享家庭用餐的機會，以享受愉快的之體驗。共享愉快之氣氛且顯露自我隱私之後，必然會削弱對方的戒心，而拉近彼此的距離。

某位大公司的總經理舉辦宴會時，邀請客人必定也一起邀請其夫人。如此一來，不僅能營造私人的氣氛，也可以讓這些甚少參加宴會的夫人感到喜悅。此正是將客人的家庭引入自己的領域中。

他藉由這種方法由經理升至董事長。也就是將朋友關係拓展至整個家族的交際，不僅了解對方的外在，更了解其內面的交際。

多邀請他人到自宅，不僅自己能掌握主導權，也能拓展彼此的親密關係。

怯懦時，試著與比自己年紀輕的人或孩童交往

既是演員且是爵士歌手的阿川泰子小姐，以擅長營造氣氛而廣受青睞，她卻在某男性雜誌中表示：

「其實我是個很消極的人，因此若要選擇戀愛對象，必會選外表看起來瘦弱且怯懦溫和的人，因為選擇同類型的人會使自己看起來比較堅強。」

由心理學的層面來看，她的話是有幾分道理的。其實一般人評估某人是否積極或消極，多半是在與他人比較之下所得的結論。

即使認為自己是積極的人，但在周遭有更多積極者的情況下，就顯不出自己的積極力，反之若認為自己是消極的人，則若周遭多是消極者，或許反而會顯出其積極性。

總之，積極或消極都是與他人比較之後才能成立，並非以一己之基準來判斷。

在世界上，無論做任何事，都有比自己強或不如自己的人。古時有句諺語云：「世上有坐轎者、有抬轎者、也有編草鞋的人。」其實人本來就是相對性的，所謂比上不足，比下有餘，屆時您將會發現「其實自己還是很優秀的」。

但多數人往往不這麼想。此由經常向我諮詢的信函中可以窺見。他們總是覺得「世界上絕對不會有比我更差的人了」，或是「只有自己在衆人面前才會感到臉紅而恐懼」，而自己斷定自己是屬於消極的人。

或是因自卑感作祟，使自己缺乏自信。因為一開始就認定自己不行，所以只會注意到別人的能幹，而忽略了其實還有人比自己差。

如何才能使這種人不以絕對而以相對的心態來評估自己?方法之一即是與比自己消極的人交往。例如可與比自己年輕的人或孩童交往。當自己與這些人交往時，就會產生自己比較年長的心態，對任何事則會採取主動。

當和比自己年輕的人或孩童交往時，正是製造使自己處於不得已的狀況中，因此自己自然會比對方更積極。最初所提的阿川泰子的心理正是這種情況。

在日本的企業中，會比較器重在學生時代參加體育社團的人，由於他們經由社團活動，能夠經常與比自己年輕的人交往，因此會漸生自信而提高積極性。

既與比自己消極、年輕的人或孩童交往時，自己能積極掌握主導權，在自覺積極性的同時，自信也隨之而生。

此外，即使不利用與他人的關係，只要將過去的自己與現在的自己做比較，就會發現現在的自己比過去更有進步。以前不能做的事，現在竟然能做到。有此自覺後，當然可產生和比自已消極的人交往的效果。

談話時，不要勉強配合對方，儘可能選自己想談的話題

以上所述是與對方交往時，將其引入自己所熟悉的範圍以培養積極力的方法，以下再列幾種對談的型式以供參考。

日本人向來非常在意對方。與朋友交談時，會儘量找對方感興趣的話題來談。

這種傾向尤其以消極者更強烈。如果是初次見面，會擔心對方想些什麼、喜歡什麼，而感到極為困惑。然而外國人，尤其是美國人對談時則相當高明。即使是初次見面，也會儘量找出話題而不會感到困擾。

究竟應該提出何種話題呢？其實多數是切身的問題。在聆聽此話題當中，就會逐漸跟上對方的步調而使談話能繼續下去。這可能是由孩提時代所養成的習慣，也就是以自己平常想的事或感興趣的事來製造話題。

我們應該模仿美國人的做法。例如以「前天至上野公園遊覽時，發現櫻花已快綻放」為

開場白，說出對春天來臨的感動。

而後再描述路上的行人都已換上輕便的服裝等。總之，提到上野可順便一提去美術館或動物園等自己的經驗或見聞，逐次展開話題。

在考慮對方的喜好之前，可先說出自己感興趣的話題或體驗。因為自己感動的話題，必能使對方感動。而逐漸將對方引入自己所熟悉的範圍中。亦即藉由話題來創造由自我掌握主導的領域。

某家出版社的社長以「自己閱讀後感動不已的文稿，必定使全國的讀者感動」之信念，而出版了許多暢銷書。

該社長認為，同是日本人而處於相同的生活環境，因此會產生共同的心理反應。的確，能使自己感動的話，應該也能使其他人感動。在對談中，由自己掌握話題內容的體驗，能使自己萌生自信，不知不覺中則會愈來愈積極。

即使在會議進行中難以提出，但至最後一定要說出

我有一位朋友個性內向，並不是屬於精力旺盛型的人，其在會議中幾乎不發言，但不可

思議的是，在會議即將結束之時，他必發表結論而圓滿結束會議。由於我經常與這位朋友出席同一會議，因而觀察到這點。

在會議中，他甚少發言，只是低頭記錄。會議即將結束時，主席會向未發言的他詢問他的意見。

此時，雖然說話有些不太流利，但他會將整個議會中所討論過的事加以整理，簡潔提出自己的意見。而通常他的見解都頗令人信服，因此往往以其看法做為結論，而結束會議。

我看到這位朋友就會想起組織工學研究所所長糸川英夫先生所著的『逆轉的構想』中所描述的一段軼事。

糸川英夫先生曾訪問過ＮＡＳＡ（美國航太總署），當時有場會議，主辦者僅二十八歲，是ＮＡＳＡ的經理。他想，年紀輕輕就當上經理，想必是非常能幹的人才。

這位經理在長達三小時的會議中，有一百七十八分鐘不曾發言，只是默默聽他人發表，其屬下多數是年紀較大的人，因此他總是耐心地聽他們說。但在最後二分鐘左右，他便將前者所發表過的事項加以篩選，僅取出必要事項做成結論，而結束該會議。糸川先生認為：「這位經理可能心中早已擬好自己的意見。然而他卻由各位的發言中，篩選符合自己計劃的意見——如此便能結合全體員工的意見——」

所謂領導對方並非指以言論打倒對方，使大家都採納自己的意見。當然若有充分的反駁理由，且又能言善道的話，在會議中果敢提出是再好不過的事。但是如上例，只是默默聽取他人意見，最後再綜合提出自己的看法，一樣可以使周圍的人同意自己的見解。

若不擅長於會議中提出意見的人，可試著在會議將結束時提出自己的看法。當議論結束，會議進入沈默的狀態時，可以將事前整理過的內容，加上自己的見解，果敢提出。

只要稍微下點功夫，就能使對方同意自己的看法，久而久之，便能消除不敢在衆人面前發表的恐懼感。

平時應善加宣傳自己的興趣

自己所擅長的興趣也是自我條件之一。

如果您具有某項興趣，平時就應該善用這項興趣。

例如平常可以多宣傳自己的興趣，像是「我非常喜歡釣魚，希望星期天趕快來臨」等，利用一些小小宣傳，或許可以引起同好注意或邀請，如此藉由此興趣來拓展人際關係。

被稱為夜總會之王的福富太郎先生，以收集浮世繪聞名。他表示：「通常一般人都自己沈浸在自我的興趣中。但是我覺得這樣還不能使我滿足。我希望有一天我的興趣能在電視上播出」，因此，他大力宣傳自己所收集的浮世繪。並且把自己收藏的畫印在賀卡或暑期問候函上。

收到問候卡的人多半會拜託他畫一張浮世繪的原稿。如此一來，自然可以拓展人際關係。在外交官的領域中，除了工作上的話題之外，興趣及教養也頗受重視。因為就曾發生因缺乏話題而受冷落的情形。外交官首重交際，若缺乏積極力將無法勝任。因此，他們往往將興趣視為重要的武器。

提到興趣，或許要培養如福富先生般大規模的興趣會有點困難。但像觀察野鳥、慢跑、打高爾夫、賽車、賽馬等，都是隨時可培養的興趣。我們可以在自然的情況下，將自己的興趣告訴他人。以輕鬆的興趣為話題，可以容易地將他人引入自己所熟悉的領域。

如遇同好，就可以很容易地展開話題，而非同好之人，也可以藉由「聽說您很喜歡電影？」來展開話題。

當我們把對方引入自己熟悉的領域，而任意展開話題時，會更積極地對待他人。一旦人際關係拓展之後，所煩惱的事和悲觀的想法將逐漸消失。

徹底分析小失敗的原因

任何人都有缺點，在漫長的人生中，誰都會碰到挫折與失敗。而積極者與消極者的差距，即在於如何去對應缺點和失敗所帶來的負面影響。

通常負面影響都不會太大，但由於先入為主的觀念，而無法釋懷，久而久之，將會使人愈來愈消極。

為了避免有這種想法，在煩惱缺點和失敗之前，應該先正視這些缺點與失敗，而對應的方法則成為培養積極力的關鍵。

在這個世界上，絕對沒有從未嘗過失敗的人。如果有這種人，也是因為其從來沒有做過任何事，不做任何事，自然不會失敗，但是也不會成功。

做任何事必須抱持著可能會失敗的心理準備，甚至可能屢遭失敗與挫折。

以「勤者不匱」這句名言而聞名的明治時代大企業家淺野總一郎先生，其年輕時常被人嘲笑為「損一郎」，因為他做任何事總是頻頻失敗、虧損。但他絲毫不氣餒，而由失敗中找出可行之路，因而成為偉大的企業家。故成功的關鍵，乃在於失敗後所採取的態度而定。

培養「上進心」的十條法則 6

儘可能與他人一起用餐

消極的人，往往有強烈的自罰性，一旦失敗，會認為錯誤全在自己，然而太在乎失敗導致意志消沈、無法正視失敗的原因，因而產生希望儘快遺忘的心理。

其實我們應該謹記「失敗的結果」，因為即使勉強加以忘卻，則一定會留下恐懼失敗的心情，如此一來反而會愈來愈消極。因此，我們應該勇敢正視失敗的體驗。

為此，則必須先冷靜思考失敗的原因。除了自身能力不足之外，還要考慮各種外在的因素。其實有很多事情是每個人去做都有可能會失敗的。

例如，結婚典禮上的演講、因緊張而出糗的情況，或擴大機有問題，或者沒有時間預先看準備好的演講稿等，如果能具體分析各種失敗的原因，必能掌握自己所負責的範圍，且擬定好下次出馬不出差錯的妥善對策。

錯誤是知識與進步的泉源。在科學的世界裡，也是經由失敗的累積才意外獲得創見與發明。「認為不可能的事，只要經過一再地失敗，必能發現可行的辦法。」此乃波斯威爾的名言。

倘若失敗，則應由體驗中學習教訓，思考下次出擊的因應對策，因為失敗已成事實，無法改變，但其對心靈的影響卻有差距。我們應該正視失敗的問題，而建議積極去處理的心態。也就是說，失敗乃是培養積極行動的重要關鍵。

將失敗體驗化為詼諧的題材

「就像是漫畫中的情節一樣，當時自己真是進退維谷」、「真糟糕！簡直像在表演單口相聲」，能如此開朗說出自己失敗的經驗，必定是屬於積極的人。這些人認為失敗就像是空氣中的濕氣一樣，深信「如果開朗面對，則會雲消霧散」。

倘若將失敗的體驗隱藏在心中不告訴他人，則這種濕氣會不斷增加而積滿全身。但也並非將失敗的體驗告訴親朋好友就能解決問題。其實只靠說出事實並無法抹去失敗的打擊。

那麼我們應該如何面對呢？由於失敗的體驗具有強大的負面影響力，因此需要更大的力量來克服這種困難。此強大的力量即是「釋懷大笑」。即嘗試將失敗的體驗戲劇化，或是以單口相聲的方式表達，詼諧視之。

在這種狀況下，會了解反芻且再次認清自己失敗的過程是一件非常困難的事。當自己以單口相聲的方式自嘲而引人發笑的同時，內心必然經過相當痛苦的掙扎。

但唯有如此才有收穫。失敗的體驗通常不能直接當作單口相聲的題材，然而若能加上一點幽默和創造力，則可成為話題中之「焦點」。

只要實際做過一次就可發現，應該如何措辭才能使他人會心一笑，而當注意力轉移之後，失敗的打擊就會逐漸消失。若能做到這一點，即使未曾將自己的遭遇告訴他人，也能獲得某種程度的舒解效果，而且在心情轉換的過程中，有可能從中發現樂趣，而想把這種新鮮的感覺告訴他人。如此一來，積極力自然產生。

有些演員認為，失敗也是一種演技，有時會故意演錯以製造喜劇的效果。在將錯誤的失敗體驗轉換成「笑話」題材的過程中，反而會使人變得更積極。

當感到可能會失敗的時候，必須列舉為什麼會有這種感覺

我本身有過這樣的體驗，就是雖已擬定書名、內容和截稿日期，但只要一想到可能無法順利進行時，遂不能展開工作。換句話說，就是產生「茫然的不安感」而使自己無法開始工作。

即使鼓起勇氣開始工作，也會感到焦慮，而無法積極寫作。在這種狀況之下，消極的人會感到愈來愈煩，而難以踏出第一步。

如果遇到這種情形，有如下自我診斷的方法。即在紙上條列為何無法積極寫作的理由。

例如：一、身體方面是否不適。二、是否忘記重要的承諾或約定。三、是否至飯店寫作比在自己的房間寫作還妥當。

結果就可發現，雖為截稿日期所迫，不得不催促自己儘量寫，但因為手邊缺乏某些資料，因此成為寫作的障礙。若真的是此一狀況，則當我們在寫一資訊是否充足時，心中必會產生某種反應，在充分了解之後，便可以全力收集資料。

除了文學之外，在這個世界上，其實並沒有太多的「茫然與不安」。環視四周，就能了解具體不安的原因究竟為何。而且我們不能只是茫然地思考，而應該將所想的原因清楚條列於紙上。如此才能冷靜正視問題點。

通常，許多原因都是一些無關緊要的問題，如果原因明確，了解如何去進行時，內心就不會感到不安，而能果敢地踏出第一步。

先承認自己的缺點，再思考「但是……」

明治二十四年（一八九一年），福澤諭吉所著的「硬著頭皮忍耐之說」中，痛切批評勝海舟及榎本武揚。勝與榎原是幕府時期的官吏、三河武士。但其後卻在打敗德川幕府的明治政府當官、仕途顯赫，究竟為何會如此？

對於這些批判，勝僅以「毀譽在他，行動在我，一切皆與我無關」短短一段話來表示。認為我所做的是正或邪，全是世間的評價，但我只依自己的信念來做事，別人如何批評皆與我無關。

這個故事充分表現出世人的眼光及自我評價的差距性。仔細去思考將會發現，其實每件事的價值判斷之基準，都是十分主觀且曖昧的。

所謂「情人眼裡出西施」，只要認為是好的，凡事看起來皆美好，認為不好的，怎麼看都不順眼。同樣一件事，以肯定及否定兩種看法評估，其評價自成兩極化。

自我評估亦同。消極的人非常在乎他人的眼光，凡事皆由否定性的批評開始評估，倘若被批評為「怯懦」、「消極」時，就容易深信「自己是個無用之人」。

人的長處及缺點如同一枚硬幣的兩面，其評價自成兩極化。「怯懦」的缺點有時看來可能是「慎重」的優點，「具行動性」的優點有可能被視為「輕率」。對於他人的評價，可以斟酌參考，但千萬不要盲目接受，否則容易養成「既然如此，那某人實在一無是處」的偏執，凡事應該以不同的量尺來衡量才是。

本來人都有優缺點。意識到自己的缺點且加以認定，反而能夠清楚看到自己的優點。即對被他人視為缺點的部份加以認定，而後才思考「但是……」。由於如此，才能確立自我評估的量尺，而建立不論他人如何批評「一切皆與我無關」的自信。

不論何種缺點或弱點，皆是自己個性的一部份，只要改變評估的角度，亦就是轉換量尺，多數的缺點都可能成為長處。

不要太執著他人的眼光，而依自己的看法來評估，重新檢查自己的缺點，如此必能發揮自我主張的積極態度。

倘若認為自己是內向的人，先列一份友人、知己的名單

一般人往往認為自己的事自己最清楚，但由實際情況顯示，通常自己反而最不了解自己。例如愛說話的人，多半認為自己不太愛說話；而原本認為自己是冷靜的人，但某日卻發覺自己竟為一件芝麻綠豆小事而大動肝火，因而受到衝擊的人不少。

覺得自己太過內向，而無法與他人積極交往的人，往往都是單方面的想法所造成，由於認定自己是內向且封閉的人，因而造成人際上的障礙。為避免此情況發生，在替自己貼上內向且封閉的標籤之前，應先由現實的層面考量。

如果對人際交往上仍無自信，可先列一份朋友或知己的名單。將小學至目前所認識的人列一份名單。雖因年齡不同而有差異，但相信任何人都可以列出許多人。即使一直覺得自己內向，但只要詳細列名單之後，必會驚訝地發現，其實自己認識的人超乎想像得多。

另外，藉由列名單之舉，可以想起許多久未見面的朋友，因而興起想與他們見面的念頭。所以經由列名單，可以提高積極與他人交往的慾望。

不要太在乎「不會的部份」，而應該重視「已完成的百分之幾」

一般來說，日本人都擁有強烈的完美主義。當目標設定，而完成百分之八十時，大多數的日本人會覺得尚有百分之二十未做完的遺憾。因為過於追求完美，因此容易將注意力放在未完成的部份。

江崎玲於奈博士曾於某次談話中介紹美國人的思想，以下是她所說的話。

美國人完成百分之八十就認為已達到「優秀」的水準，完全成百分之六十則認為「很好」，完成百分之四十則認為「不錯」，若只完成百分之二十，則認為「還好」。因此，若美國人已經認為「不行」或是「非常惡劣」時，表示已到達無藥可救的地步。

反之，日本人對於完成百分之八十會認為「還好」，而完成百分之六十則認為「很差」。如果他們表示「進行順利」的話，則已達到百分之百的程度。

江崎博士明顯地指出日本人與美國人之間的差距，然而積極行動有賴自我評估。若擁有「我能做到！」或「我能成功！」的意志時，才會促進自我行動的能力。即使失敗的程度達到百分之八十，也要重視已完成的百分之二十。這種認為「還好」的美國人式的想法，正是培養積極力的重要關鍵。

在第二次世界大戰，英國遭到毀滅性的破壞，然而在首相邱吉爾的領導下，逐漸復甦。無論時勢多艱難，他都不會放棄希望。他認為「抱持悲觀的態度是無濟於事的」。果真如此，在邱吉爾堅強的領導下，英國於第二次世界大戰獲勝。

凡事由好的方面評估可避免為壞的方面煩惱。例如考試失敗時，認為自己沒有實力，及認為再考一次就能考中的想法，其實有天壤之別。經常謀求次善的對策，反而能培養積極力。

倘若因為結果不如己意，而只執著於負面的影響，對「不能達成」、「無法順利進行」耿耿於懷的話，則不能培養積極的行動力。即使只完成小部份，也應該加以重視，而告訴自己「已經達成了百分之幾」。

雖然如此，若非要求各位忽視負面的影響，其實我們應該冷靜對應負面的影響。若是一直耿耿於懷，對心靈只會造成傷害。所以我們應該儘量排除「自己沒有能力」的意識。

縱然由整體看來似乎完全失敗，但我們也必須重視其正面的價値。由於抱持「我已經完成百分之幾」的想法，必能克服負面的芥蒂，而勇敢踏出積極的第一步。

第四章 建設之前必有破壞

——扭轉負面的條件

重複對方所說的話，以對應不太了解的話題

「把想說的話憋在心中會很不舒服」，這句話表示若一直壓抑想說的話，則會累積不滿。消極的人，在對應他人時，會害怕陷入困窘的狀況，且擔心不失敗，因而一直無法開口。

欲想詳細表達，卻一直無法完整將訊息傳達給對方。如此一來，只會使性格更內向。其實，只要稍加注意措辭和說話的口氣，大部份的對談都可迎刃而解。

假以時日，人際關係必定有所改進，自信也隨之而生，內向的熱能將會逐漸釋放，而產生積極力。

「最近我熱衷盆栽哦……」、「噢，盆栽呀」、「嗯，主要都是栽種杜鵑花」、「杜鵑花啊……」、「現在正值整枝和移植的大好時節」、「是嗎？…整枝和移植嗎？」、「對，在六月花季結束時，必須修剪整枝之後，再移植到裝有水苔和鹿沼土的花盆」。

平常我們常會聽到這種對話，在這種狀況下，聽者幾乎不懂盆栽的問題。雖然如此，對話也能順利進行，而聽者那方也會慢慢進入狀況。

其聽者並非依己方的知識來回答問題。而是將對方說過的話（或是其中的一部份）再反

覆說一遍而已。於是在對談的過程中，聽者能慢慢了解盆栽的內容，而使對話進展到能討論「一天要澆幾次水」的程度。

由於不了解說話的內容，多半的人會保持沈默，因為怕說得不對題而出洋相，所以都只在一旁點頭而已——消極的人最容易有這種心態，但這種做法對積極化並沒有任何幫助。

假定是自己陌生的話題，只要利用對方說過的句子，而「反覆頷首」即可，如此會使對方產生「他對我的話題感興趣」的想法，而感到愉快，因此更熱烈回應。由於如此，您的理解程度會急速增加，雖剛開始自己是處於被動的狀況，但由於進行適切的詢問，最後將能掌握話題的主權。

正因如此，前述的諮詢輔導中，非指示療法之一環的「反覆法」則被頻繁採用。例如患者表示：「醫生，我晚上因為失眠而感到非常痛苦」、「嗯，晚上覺得痛苦嗎」。此時，輔導者不宜問：「是否因為擔心什麼事才失眠啊？」而應該讓患者掌握說話的主導權。若一直保持這種狀況，患者會愈說愈起勁。

這種方法就如打桌球一般，將對方所說的話重複即可，所以根本不需要說話的技巧，因此即使是消極的人也可輕易辦到。

消極的人往往認為要積極參與對談，必須先具備「能言善道」的能力和「豐富的知識」

，其實這種想法是錯誤的。即使如鸚鵡般反覆學對方說話，也能夠培養積極力，久而久之，自然就可以應付自如。在開口說話之際可先表示「嗯」、「哦」等適度訝異的語句，以製造肯定對方的氣氛。

平常要避免說「太……」的語句，而應具體表達

我所認識的編輯當中，有一位常會在電話中或見面時，一開口就開朗地說：「呀、太……」。我想他可能是為了使談話能更熱絡，才會說出這種誇張卻沒什麼涵義的語句。不過這種「太……」的用法，卻是能夠喚起積極力的語句。

但是同樣一句話，由寡言內向者的口中說出「太……」則不甚理想。因為他們說完「太……」之後，往往不知該說些什麼，但由於「太……」表達很多種意思，因此對方會以為「他可能是在向我道謝吧」，而加以回應「哪裡、哪裡、不用客氣」，於是使對談能繼續發展下去。

在反覆的過程中，消極的人會認為既然「太……」能表達己意，遂愈來愈不想說話，因而仍無法擺脫消極的障礙。

但若想要自我表達，至少必須說明主語、述語的關係，並且採取「5W1H」的方法，倘若只是說「太……」這句話，將會愈來愈無法說出邏輯性的語句。

一般而言，雙胞胎的說話能力發育較慢，這是因為其是雙胞胎的緣故，因此兩人會採用社會上所不通用的語言，也就是培養打暗號的默契，於是他們能藉此溝通意見。具體而言，便是他們在培養清楚表達意志之前，會依幼兒語般曖昧的語句來溝通。

例如，想喝水時並不說「給我水」、而只是說「水」，如此大人就會知道孩子想喝水，但這種表示法會阻礙孩子說話能力的發育，而導致智能發育延誤。

這正說明在學習邏輯語句之前，若能依簡單字義獲得滿足，則思路的發育會受到障礙。故大人不能經常使用幼兒語，其實消極的人多少仍會表達自己的意見。雖然如此，平日常說「太……」這句話，而接下來的談話便結結巴巴的人，容易陷入與幼兒一般，無法說出邏輯性語句的危險。

因為凡事都以「太……」來表示，久而久之會不擅長邏輯性的交談，於是，自然成為不擅說話的消極者。

這種類型的人，最常表現的說話語氣之一，即是在說出較長的語句時，容易在語尾加上發音含糊的結尾助詞。倘若一直反覆下去，則會造成一場沒有終止的交談，如果對方是忙碌的商業人士，必會在適當的時機中斷對談，而以頷首表示急於道別。

由於現代是屬於「不擅於說話的時代」，因此常會在電視或廣播中聽到被採訪的年輕人以「嗯、某某、什麼……」的方式回答。例如，問其假日做什麼活動，其回答都簡短如前面的「」內，只回答活動項目，其餘全不談。

倘若這種情況一直維持下去，則勢必無法適應正常的對談，而終將成為一位消極的人。假使自己有此傾向，平時說話應多留意，避免不明確的談話方式，倘若有人詢問時，應該要回以比詢問的句子還長好幾倍的回答。

在任何場合致詞時，都不準備「原稿」或「台詞」

有時候，我在結婚典禮中致詞時，因為想要完全按照事先所準備的台詞唸，結果反而說得不自然，或者甚至忘了台詞，因而無法接腔，使情形更加惡化，也冒了一身冷汗。

這是因為完全將注意力放在台詞上，而根本忘了說話的內容所致。由於為了配合說話內容的變化，遂無法留意抑揚頓挫。

在這種狀況之下，事先不要準備台詞，而以輕鬆的心情對應，如此反而能獲得良好的效果。可是一般來說，追求完美主義者皆認為，「必須完全按照事先所計劃、安排的話說出」，結果卻使事情弄得更糟。

而且完美主義者，在進行交涉或是與他人接觸時，都會事先準備好台詞。他們想要完全按台詞說話，否則就會覺得不自然，如此一來，反而陷入不喜歡與他人見面的惡循環中。

由於如此，遂無法以積極的態度去接觸他人。想要積極地對應他人，但事前所準備的台詞卻造成障礙，久而久之就會認為自己是不擅長說話的消極者。

若以此觀點來看，這類型的人物為了要排除惡循環，培養積極力，則不應該在事前準備這種台詞。

如果認為沒有事先準備台詞，會感到內心不安的話，可先考慮幾個要點，事前寫妥簡單的備忘點即可。

這樣一來，即使說話不是十分流利，也會覺得有該說的話都已經說完的滿足感，而避免自己陷入消極狀況的惡循環中。

在反覆訓練的過程中會發現，無論是致詞或是與初次見面的人談話，都能夠擁有「隨機應變」能力。

有時可利用「他人的意見」來表達「自己的意見」

有時我們會因為不擅長說話，因而逐漸不喜歡與他人談話，久而久之養成消極的個性。為培養積極力，這類型的人應該主動先開口說話。唯有克服不擅長說話的個性，建立能說服他人的說話模式，才能遠離消極的性格。

而解決的方法之一即是利用他人的權威性。例如：「〇〇先生也這麼說」、藉由他人的說法來表達自己的意見，以增加說話的權威性，這種方法並不需要邏輯性的說明，即能使對方產生「正確」的印象。

採取這種方法，不僅能提高權威性，也能夠順利地說服對方。例如，在議論時，如果對方強硬反對，此時應該先考慮對方反對的理由。

倘若以邏輯的觀點來看，錯在自己時，當然應該接受對方的意見，但有時己方並沒有錯，而只是對方意氣用事地反對。

假使對方表示「看不慣你平常的態度」、「雖然知道你說的話有幾分道理，但不甘心被比自己年輕的人反駁」，在對方感情用事的情況之下，根本無法從正面的觀點來加以說明。

此時，為了讓對方能坦誠接受自己的意見，可利用「依○○博士的觀點……」等頗具權威之人的意見，來說服對方。

在會議之前，對於可能會引起爭議的問題，先準備好可供利用的較具權威的例子。此乃一種前置作業，為了避免不友善的摩擦，確實有必要這麼做。

倘若因為不想碰到意氣用事的爭論，而拒絕參加會議或是發言的人，反而會愈來愈消極。為改善這個現象，不妨多利用「他人的意見」，以做為談話的潤滑劑。

若能經常這麼做，他人會逐漸信賴自己的意見，於是自己也能養成積極發言的習慣。

對沒有自信的事也可以大膽地斷定

「元帥，這到底是怎麼一回事！倘若您不能提出令人接受的說明，我將無法再次出擊！」

這是少校與空軍獨裁者戈林元帥對談的場面，是查理‧克利亞所著的『空軍大戰略』（早川書房）中的一景。

這位少校是轟炸英國本土的負責者，預定某日在戰鬥機護衛的條件之下，負責轟炸英國，但當日約定好的護衛戰鬥機竟然沒有出現，因此使得少校的轟炸機遭到英國空軍噴擊式戰鬥機的攻擊，而蒙受嚴重的損害。

其實，原本規定要出擊的戰鬥機是因為上級臨時的決定才突然取消的，但因聯絡系統出問題，遂無法即時告知少校。這位少校在軍中一直以謹慎的行動作風聞名。為人溫厚善良，少有自我主見——但此時則開始反抗元帥。

更有趣的是，平日作風強硬的戈林元帥也收斂往常的專橫，而以溫和婉轉的口氣在電話中表示：「我知道，真是太對不起。此刻我正要去找你說明理由。」由於受到少校的魄力所折服，使得戈林不得不讓步。

其實這樣的狀況經常可以發現。平日被認為消極且慎重的人，一旦有了自我主張、毅然堅持且怒目而視時，其意見往往會被接受。而其主張多半以「因為反對，才加以拒絕」的不合理情況較多。

從這個觀點來看，平常被視為消極的人，乍看之下好像很吃虧，但真實並非如此。多半消極的人都擁有潛在的力量。

因此，為培養積極力，消極的人應該好好利用自己潛在的能力。

一般而言，消極或內向的人在發言時，總是會以「～是不是可以這麼做？」或是「……是否能這樣解釋？」等較客套的反問或缺乏自信的表現方法來問話。

也有一些人平常並非消極的個性，但某日卻陷入憂鬱或軟弱、無法自我主張的狀況，這種現象稱為短暫性的「消極症」。

倘若這些人想利用道理或邏輯性思維來說服對方，是絕對無法成功的。因為對方會從自己缺乏自信的口氣之中，找到提升勇氣、乘勝追擊的方法，如此一來，對方將產生自信而不會屈服於自己。

然而，此時對抗他人的唯一手段即是到達某階段的時候，必須使用強烈且有魄力的口氣下結論。「不，無論如何採取這種方式最好」等，語氣堅定地下結論。如此一來，適才曖昧的態度會完全消失，而逐漸產生自信。在必須果敢下定結論的關鍵，即使因缺乏邏輯性尚「不太確定」，也應該立即改變為「確定」的心態，如此具說服力的理論才隨之產生。

即使是消極的性格，但在潛在的意識裡皆蘊藏著能轉變為積極者的力量。有時，先超越理論而下定論，反而能產生積極的力量。

坦率表達自我的感情

在廣播界裡，以開創個性派而聞名的片山龍二先生，據說其在某星期一的早晨，所主持的廣播節目開場白便是：「今天又是星期一了……真是令人討厭」。結果導播趕忙過去要求他說：「不要說那麼憂鬱的話，你應該說：「各位聽衆，今天是星期一，讓我們一起來為這個禮拜努力吧！」

對於導播的要求，片山不悅地回答：「你雖這麼說，但你的心情又如何呢？你真的是很高興地面對星期一嗎？」他堅持地表示，若無法按照自己的想法來主持節目，寧可放棄這份工作。

由於這場衝突，該節目遂「直接播放」，未料竟獲得好評。一般人聽他人說話時，總是喜歡聽其真意勝過其主張，如此較能增加信賴感。這正表示人人都想成為「窺視者」。

例如，在百貨公司買東西時，聽到店員說：「這些毛線衣大特價」，和「這些毛線衣因為在縫製階段出了一些問題，像是這個小地方……所以才打六折」，這兩種說法會左右顧客的購買慾望。

通常在每天固定的新聞播報時刻，若突然有大新聞需要特別播報時，一般來說播報員都會說得比較不自然，這時，鏡頭會轉向攝影棚或忙碌的工作人員等新聞編輯部內，這是最近非常流行的手法，由於自然拍下工作人員忙碌的情形，因此反而比較能被觀衆接受。

以各種表現的角度來看，人都有某程度「討厭完美」的傾向。凡事能幹，且說話太過得

培養「上進心」的十條法則 7

將自己失敗的體驗以笑話的形式說給他人聽。

體的人，反而令人覺得「不親切」或是「過於冷漠」。特約記者德光和夫之所以受到觀衆青睞，正是觀衆「討厭十全十美」的心態所致。

由此事實可以看出，不擅長說話的人認為「說話應該技巧高明」的想法是不正確的。在這個情況下，所謂「說話技巧高明」是表示說話時「要冷靜」、「要掌握先後順序」、「要客觀」且「控制自我情感」。

假定能滿足這些條件且「說得高明」者，聽衆未必會喜歡這樣的人。倘若每次發言都如此富有理性、久而久之，聽衆就會痲痺而不予以回應。

一般人的談話，不管內容的嚴肅，基本上都不具邏輯性的。當然我並非鼓勵衆人說話要如說相聲般製造興趣，而是希望能依自己的心情去表露感覺，說話自由奔放，如此才能使自己成為擅長說話的積極者。

只要說話奔放有活力，即使帶有主觀的意見，或是不提主語，或是說話的順序顛倒都無所謂。至少聽者不會認為你是無能力者，而對你產生負面的感覺。

知名的內田百閒先生所寫的『阿呆列車』中，經常體隨著百閒先生一起旅行的「喜馬拉雅山系」先生，其實就是當時在鐵路局工作的平山三郎先生，藉由山系先生與百閒先生的對談，使得『阿呆列車』系列散發出一股飄逸的文風。

例如，「會一面跳一面望著我喔！」、「是什麼呀？」、「青蛙啊！」、「把你怎麼了？」、「好像很親密地看著臉孔喲……」，像這樣故意刪掉主語以吸引讀者注意。

有時，不合乎文法結構的寫法，反而會收到意想不到的效果。

迷惑時，先詢問他人的意見

為了培養積極力，則必須提高內在的精神能源，而提高能源的方法可藉由他人的力量來達成。模仿他人，尤其是積極且充滿活力的人之意見、行動、言語及體驗，將對方旺盛的內在能源轉移到自己身上，以作為自我積極力的泉源。

俗話說：「緊急時，不論是誰都可以請他們幫忙。」確實，我們不應該在他人面前垂頭喪氣，凡是能加以利用的，不論是什麼都應該妥善運用。

古諺云：「不高明的思考只是浪費時間。」盲目坐在桌前思考事物，不過是在同一個地方繞圈子。消極的人容易陷入種種迷惑之中，於是導致精神能量愈內向而無法收拾。在這種狀況下，必定無法大膽下決定而採取行動。在會議的進行中，雖有很多構想，但卻無法下定結論。只是浪費時間而已。

松下幸之助曾被稱為「取材」高手。當他在新產品的開發會議中，面對爭議而無法下定結論時，會突然離開會場而去訪問批發店或零售商。

這正表示，他想徹底了解顧客的要求。零售商與廠商不同，由於平日經常與顧客有所接觸，故較清楚顧客的需求。於是，他再於下次的開發會議上，將「取材」的「資訊」提出。

由於松下幸之助先生的指導，松下電器成功地提升為暢銷商品。無論如何，在猶豫不決且迷惑的狀況下，是無法獲得積極力的。當陷入迷惑時，應該先克服令自己困擾的環境，並聽取他人的意見。另外也可請教該領域的專家，尤其是請教精力充沛，積極達成工作者最為理想。或者是請教其他領域的人士也可以。

當請教其他領域的人士時，必須詳細說明自己的問題點。有時會因說明不詳細而遭對方質問。因此原本以為自己懂的問題，在被質問時反而會答不上來。於是才恍然大悟：「原來問題在此。」所以，事前整理自己的思考模式，可擺脫繞圈子的想法。名偵探福爾摩斯一面向華生醫生說明，一面整理自己的思路，道理在此。

無論請教的對象是專家或是其他領域的人士，總之應善用他人的能力來克服困難。

有時我們可以由對方積極的意見獲得意想不到的效果，有時因主動詢問的行為，反而能克服迷惑，產生能讓內心採取行動的熱能。

不要只重視他人工作的成果，而應該重視其過程

活躍全球的桌球選手曾在電視受訪時說：「為求勝利，不允許有失誤。」不管對手多強，比賽中必有失誤。他並非頂尖高手，卻一直等待對方失誤以爭取勝利。圍棋好手坂田榮男先生也曾說過：「下錯棋輸的機會比下對棋贏的機會來得多。」

其實他們所指的都是極為平常的事，坦白地說，只會被認為「不過如此而已」。但奇怪的是，對於平凡的道理我們反而難以體會。

假設有位數學天才，每次考試都得滿分。相信許多人一定認為他的頭腦很聰明。可是只要仔細觀察他的日常生活就可發現，其每天至少都花二小時認真練習做數學習題，腳踏實地從不間斷。相對地，一家公司內業績最優秀的營業員，其成功的秘訣必定是「比別人多訪問一家客戶」。

消極內向的人往往過於重視對方優秀的成果而心生退卻。總是認為「自己比他人沒出息」而更加沮喪。其實我們不應該只在乎對方工作的結果，而應該仔細觀察其過程，或許觀察後會意外地發現，事情並沒有想像中那麼難。

「只要持之以恆，腳踏實地去做的方法，我應該辦得到。」——當我們有這樣的想法時，必然會付諸行動，努力達成。在這段過程中，自然會產生自信。這正是利用他人的積極力的一種手段，另一方面也能培養做任何事時，不會被表面的結果所約束的毅力。

多聽前輩談其失敗的經驗及克服的方法

糸川英夫是一位充滿積極力的人，在各方面都很活躍。聽說他在設計著名的隼戰鬥機的過程中，發生了一段耐人尋味的經過。

糸川先生畢業於東大，之後就任於前中島飛行機組織，當時他並沒有從前輩那兒學習設計戰鬥機的方法，只是仔細聆聽他們述說過去失敗的經驗。

聽說約有半年期間，其每晚都到前輩家，一面與前輩們共進晚餐，一面聽他們述說失敗的經過。由於完整記錄前輩們失敗的經驗，之後才能成功地設計出與零號戰鬥機並駕齊驅的隼戰鬥機，此一軼事於糸川所著的書中詳細記載著。

這令人深刻感受到糸川活力的泉源。

一般人在聽他人談論時，總喜歡他人談成功的經驗。尤其在向對方請教時，更有此傾向。但較內向的人，在聽過他人談成功的經驗後，往往會產生「我可能比不上他」，而更加深自卑感。因此，我們應該模仿糸川先生的方法，請對方談失敗的經驗。

多半的人都不喜歡向別人談起失敗的經驗。話雖如此，倘若前輩肯誠心告訴您的話，表示一來他已頗有自信。二來，他在過去某段時間已經克服了失敗的陰影。因此失敗已不再成為不堪回首的往事，而是一段值得懷念的經歷。否則其絕不會心平氣和說給他人聽。

當我們在聆聽活力充沛的前輩談論失敗經驗之同時，也應該詢問其以何方法克服困難。通常，前輩們是很樂意發表這些經驗的。其實，在我們看來非常積極進取的人物，過去可能都和一般人一樣遭遇到很多挫折，在聽取這些失敗的經驗後，或多或少能減輕自我內心的自卑感。這正是增加自信的好方法。也是提升內在精神能源的良方。而且從他人的失敗之經驗中，可獲得意想不到的啟示。欲克服失敗必須發揮強大的積極力，而向前輩請教失敗的經驗，正是獲得積極力的最佳途徑。

將聽來的趣事再轉述給他人聽

已故的大宅壯一先生最令人佩服的一點即是他的說話技巧。不論從哪裡聽到或是看到的趣事，他都不會放在心中，而藉由文章或對談將其傳達給他人。這正是他活躍於新聞界的秘訣。另外，竹村健一先生也與他一樣健談。其不僅在電視或廣播界主持節目，也至各地演講，當他被人詢問「為何會有說不完的豐富題材」時，他總是回答：「我都將當天所獲得的資訊於當日再利用。」

通常，所謂積極者都擅長借用他人之力。若原是怯懦的個性，則剛開始想要積極地採取行動似乎不太可能。這時，可利用他人所說過的話，再將其轉述給他人。將聽來的趣事再轉述給他人，可以製造有趣的氣氛。

所以，多利用這樣的話題，則對談時較不會怯場。

在反覆運用的過程中，可以減少對人際關係的不安感，而產生積極的力量。尤其是所舉的例子若說話者是社會上頗有權威的人士，則更能發揮心理學上所稱的「威力效果」，在轉述的過程中，更能加強可信度。

使用這種方法多半是引用自我專業以外的話題比較有效。當您在說著「○○說」的時候，即使感到有「狐假虎威」之嫌，也不用覺得可恥。

模仿充滿活力者的舉動

有句話說，學習即是模仿。確實，「學習」正是一種「模仿」的行為。嬰兒在學習語言的過程中，都是依靠模仿母親或是周圍的人。即使長大成人後的行動模式，也多少受他人影響。這就是模仿。當您想要培養積極力時，不妨利用模仿的學習方法。

因個人的興趣，我經常更換家中的裝潢。因此經常有許多設計師出入家中，於是發現有位設計師的行動特別敏捷。

他的工作效率很高，做法也很有特色。例如在做壁紙的設計時，他便帶了三種款式來請教我，「我考慮了很久，認為這三種款式最適合。請問您要選擇哪一種？」如此一來，我必須由這三種款式去挑選其中之一，事後想想，覺得他的做法很高明。

如果他直接讓外行的我來選擇種類的話，我必定難以由眾多款式中擇一。如此會相當耗時。但若他只帶一種就要我同意，則我可能會想「應該還有更好的選擇吧」。為了要說服對方，又要提高工作效率，他便採用了三種款式的選擇法。

因此，我們在說服他人時，可以模仿前面的設計師那樣的積極做法。當然，剛開始可能無法順利進行。

模仿乃是行動力的跳板，成功的話必能增加自信。心理學有句專有名詞「觀察學習」。這是表示當示範者在做某種行動時，觀察者可從中學習與示範者相同的行為，也就是說，在「觀察學習」積極者的過程中，本身也會隨之積極。

將失敗誇張地表達出來

在擁擠的月台拼命地奔跑，只為了想搭上快開的火車，未料就在即將跨上車身之際，車箱的門竟毫不留情地在眼前關閉，慢慢駛去，只留自己呆站在月台。這時您一定會覺得很難為情，認為月台上的旅客可能暗地裡嘲笑自己，因而感到十分尷尬。

在此狀況之下，多半的人會故意露出微笑、或是面無表情，或只是楞在那兒以避免遭到他人輕視。

其實，別人真的會如此在乎您的一舉一動嗎？實際上，一般人根本不會強烈意識到自己感到羞恥的事。這種現象乃是自我意識過度所造成。而且愈是消極、怯懦的人，這種傾向愈強烈。由於極端恐懼行動會失敗，因而陷入消極的困境。

要擺脫作繭自縛的唯一方法是，當失敗時可以誇張地表示自己的錯誤。或者用說的也可以。藉此來觀察他人的反應。依對方的反應度可發現，自己以為失敗的程度達五十者，他人通常只覺得三十而已，由於如此，可避免自己過度沮喪。

另外，誇張的動作也可發揮解除緊張（tension • reduction）的效果。一旦解除緊張之後，氣氛會隨之緩和，而不易陷入沮喪的困境。

其實，會覺得害羞或怯懦的心態，都是將他人想像中的自己加以擴大化所致。所以凡事應以實際的狀況去觀察他人的眼光或反應，如此才能擺脫自我束縛。

沒有話題時，只要誠懇地頷首即可

利用他人的積極性來培養自我的積極力，其方法之一是改善說話的態度。

通常積極者說話時都會先發制人，以爭取談話的主導權。可是怯懦的人往往無法順利與他人交談，總是處於被動的一方。這時，較內向的人應該利用對方善於說話的情勢來因應對方。

據說電視節目主持人最感困擾的是，遇上好發言與不擅發言者同台演出。

為了公平起見，希望每個人都能輪流發表意見，但有可能會產生某一方不停在發表的局面。而且如果打斷好發言者的說話，其再有機會說話時，必定重複提起已說過的話題。如此一來，座談會必定無法順利進行。

如果好發言者心中有話而無法說完，則其必然會覺得有所不滿。由於急迫想要快點說完，因此必須先解決其緊張感。所以，在座談會之前，主席應該先請好發言者儘量發表。

當對方講到某程度之後，緊張感自會解除。甚至會因自己太愛發表而感到不好意思。一旦察覺失禮後，就會克制發言的時間。這時，主席便可利用此機會來主持會議。

貿然中斷喜歡發言者的談話，只會造成不良的結果。另外，消極的人也必須頷首回應。譬如可搭腔回應著說「說的也是」、「那是真的嗎？」等等，而讓積極者盡情地發表。總之，您不能只是在一旁默默不語，而應該利用各種方法投入於交談之中。

其實，從對方所發表的看法之中，多少能找到豐富自我的知識。當對方完全發表之後，您就可以從中找出不同的觀點和疑問之處，據此詢問對方，待對方回答之後再繼續詢問其他的問題。

在進行這樣的過程中，消極的心態會慢慢消失。而且即使對方不是積極的人物也無所謂，因為這種方法也可以促進對方產生積極力，其轉化的效果是相同的。

培養「上進心」的十條法則 8

不要認為不擅長就是「自己缺乏能力」，而應視為「與自己的個性不合」。

認為不易相處的人，先調查對方的嗜好就會產生親近感

不論任何人，必定都有不擅長的領域。對於這些不擅長的事物想要採取積極的手段對應時，容易因為不擅長之故，使心態受其束縛而降低行動力，結果反而更加消極。

為了克服這種不擅長的感覺，我們應該改變觀點去面對這些事物。所謂「旁觀者淸」，當我們站在遠處看時，會比直接去面對更能打破僵局。

人都是社會性的動物。無法單獨生活，因此就必須處理人際關係。在衆人之中，必定有些人與我們難以相處，但我們不能因此而武斷地表示「因為難相處，所以我不想與他交往」。尤其是這些人若是必須天天見面，或是因共同處理某事而不得不見面時，與其相處的機會更是無法避開。

為了消除這種不容易相處的意識，我們應該主動積極去了解他人，在了解的過程中，自然能找出共同的嗜好。不過消極者若是認為對方難以相處時，由於內心過於執著，會努力採取行動想要逃避對方。其實，他人並非想像中那麼難相處的，畫地自限只會斷絕與對方相處的機會。

將自己的敵人改變為良友的例子到處可見，富蘭克林的軼事即為一例。據說年輕的富蘭克林當費城議會的書記時，州議會有位衆議院議員非常喜歡批評他。

富蘭克林希望能與這位議員好好相處。某日，他聽說那位議員有收藏書籍的嗜好，而富蘭克林正巧是著名的讀書家，所以他向這位議員借了一本非常珍貴的書。因為這次的機會，發現了二人共同的嗜好，之後遂成為非常親密的朋友。

倘若遇到難以相處的人，首先可去調查他的嗜好，若與自己有共同之點時，可利用為積極交談的話題；或是在與對方見面時，多提一些對方感興趣的事，如此可使關係更為融洽。

美國哲學家喬治•桑大亞曾說過：「由局部來看，每個人都可以成為好朋友。」這句話的意義非常深遠。因為我們不可能喜歡每一個人的全部。但即使在「他的某部份不喜歡」的情況下，還是可以與對方交往。

乍看之下，或許對方的一切都令您感到厭惡，但仔細觀察之後，一定能發現其可愛之處。其實人都是依某個共同部份而交往的。想要擁有良好的人際關係，就必須下功夫去瞭解他人。

只要能深入了解對方，就能克服難以相處的困境。所以一感覺對方難以相處時，試著去發掘對方的興趣。如此才能徹底克服難相處的障礙。

以名字代替頭銜稱呼長輩

這是剛從大學畢業不久，就職於某大企業的C君所告訴我的體驗。

「經理的地位好像非常崇高一般，往往只聽到『經理』兩字，就感到腳會發抖，其實我非常了解，經理不過與一般人一樣，都是普通人而已。這是在經理退休之後，有次回到公司探望時令我深深感受到的事。當時我在玄關處遇見他，那瞬間本來想直稱他為『經理』，但他早已不是經理了。因此直覺地便叫他××先生，而他也微笑地問候我『C君，你近來好嗎？』。正因如此，過去一直覺得距離遙遠的感覺，一下子縮短了許多」。

C君意想不到能獲得這種感覺，心想如果能在更早以前這麼稱呼經理就好了。假定在酒舖（小餐廳）直接稱呼對方的頭銜，則其必定無法擁有百分之百的隱私權，那麼在精神上，則無法擺脫職位意識。

直稱對方頭銜，容易擴大對方的自我意識。也就是其心態上會依公司或組織所賦予的權利來採取行動，不論在思考或對談上態度傲慢，容易給人壓迫感。

在這樣的狀況下，屬下本來想說的話卻難以啟齒。於是雙方在溝通上便產生障礙。遵奉

「天不會在人上造人」（表示人一生下來都是平等而無貴賤之分）的福澤精神，而創辦慶應大學的教職員們表示，他們不會以「○○教授」、「××副教授」等頭銜來稱呼對方，而多半稱呼「××先生」「福澤先生」。在不受形式所束縛的環境下，人們就不會有距離感，什麼事都能大膽地說，積極去做。

不論是公司的上司或長輩，儘量不稱呼其頭銜，而找機會直呼其名。

我常因地位或年齡的緣故，對比自己年長的人士總有難以相處之感，一旦改變想法稱呼其名後，常會發覺對方其實是很好相處的。了解這層道理後，就不會產生難以相處的尷尬場面。

了解「任何人的隱私生活都是一樣」的共識之後，將不會再有膽怯或怕生的感覺。

當認為對方難以相處時，請想像其家庭生活看看

與他人接觸時，最好能抱持著平等對待的心情，不過每個人都擁有不同的個性與能力上的差異，當對方擁有比自己更強的能力時，只注意對方卓越的部份而一味比較，反而會削減自我的意志，使自己更加消極。

覺得「與某人很難相處」時，多半只注意對方優秀的部份，且加以比較後所產生的自卑感。在擴張對方的長處之下，必定會覺得「自己比不上對方」。像這樣對他人的評價過高，自然會產生敬畏的心態。

有句話說「彼亦人、予亦人」。這是表示不管多麼優越的人才，都是平常的人。整體來看，大家都一樣過著正常的生活。

覺得難以相處的人，不妨試著想想其私人或家庭的生活情形。例如想像能幹的經理，在家中抱怨菜不好吃、或者是坐在馬桶上看報紙的情形。像這樣地，想像每個人共同的生活模式。

芥川龍之介的小說中有一段很有趣的情節，大意是這樣的。有一位年輕人愛上了一位美女，但她絲毫不理睬。於是這位年輕人想去偷其穢物，希望藉此來打消追求的念頭。因為他想即使再美的女人，也會排出與普通人一樣的穢物。

可是在小說的最後，這位美女比年輕人更高明，她在尿壺內裝的不是穢物，而是迷人的香水，其結果非常諷刺，但實際上我們不用做得那麼極端，其實只要多注意對方平凡之處，就能徹底改變對方的印象。

以這種方式來杜絕太過重視對方的優越部份，可避免對他人的評價過高，而能以他人也具有缺點的同等心去看待。在這種情況下，難以相處的情結會慢慢消失，對待他人的態度也會更積極。

對於不擅長的事先設定標語（catchphrase）

即使是必須做的事，如果自己不擅長時，則無法提高意願而不想執行。由於意願不高，再加上精神無法集中，因此容易導致失敗。而陷入愈不擅長的工作愈難執行的瓶頸。

碰到這種情況，可先假想若將這件工作交待他人做時，要如何說明才能提高對方的工作意願，而後再著手去執行工作。也就是說，為提高工作意願可先設定標語。

例如有一實驗，實驗者要求大學生：「我希望你們能寫一篇改變高中生對蘇聯看法的文章」，其條件是，對蘇聯有好感的學生必須寫批評蘇聯的文章，而對蘇聯反感的學生則必須寫對蘇聯有好感的文章。在他們寫完之後，再調查這些學生對蘇聯的觀感，結果發現，約有百分之六十的學生完全改變了過去的態度。

這個實驗是將沒有興趣的事物轉變為有趣的例子，結果反而能從中培養興趣。基於這層道理，平常我們可將不擅長的事物設定標語，如此也能獲得相同效果。

在公司或工廠內，常舉辦○○週活動，且收集許多有關工作的標語，其目的在於藉由標語的影響來提高員工之工作意願。

本來標語的作用即是為了提高人們對事物的興趣，強調只要付諸實行，就能獲得效果的正面意義。

由另一面角度去觀察，將會發現自己其實並沒有那麼討厭手邊的工作。

只因為討厭去做，而茫然不知所措，或焦慮或發呆地浪費時間，還不如著手製訂有益於該工作的宣傳性標語。

藉由標語來提高意願，才能積極去面對自己所不擅長的事。如此一來，就不會再為不擅長而苦惱。

不要認為不擅長就是「自己缺乏能力」，而應視為「與自己的個性不合」

京都大學榮譽教授・會田雄次先生曾在其著作『亞隆收容所』中提到，隨著狀況的變遷，成為領導者的條件也會有所改變。

當他所待的中隊喪失戰鬥能力，只剩下迫切求生的絕望性狀況時，領導中隊的指揮官，已不是原來的指揮官了，而換成有能力去對應危機的M下士，可是當其軍隊受英軍俘虜，在收容所中過平穩的生活後，M下士的功績已逐漸被淡化，隨之反而是在日常生活層面較能處理應變的I下士，起而代理領導者的地位。

同樣是領導者，但隨著狀況的變化，其領導能力也會有所不同。由此可知，能夠對應各種狀況的領導者極少。其實不僅領導者如此，每個人也都擁有某種特定的能力。能於課業上發揮能力者，未必能做好他人的工作。反之亦然。

當我遇到不擅長的事時，常會衡量自己的能力。然而消極的人一碰到不擅長的事，總會認為「自己沒有出息」，而將自己的能力全盤否定。

倘若某公司的董事長不擅長打高爾夫球，那是否代表他是沒有能力呢？本來人都會有比較拿手或比較遲鈍的領域。

然而，如何克服這種不擅長的困擾非常重要，若一開始就要與自己的能力做比較，則想克服困難的心情也會為之冷卻。

對於不擅長的事，在思考自己是否無能力之前，應該先考慮是否不適合自己。

例如在讀書時，若發現內容太困難不易理解，則認為是自己的頭腦不靈光之前，應先思考是否「那本書不適合自己」。

若能冷靜思考，則可改變為去閱讀較容易讀的書，或者是停止閱讀該領域的書而轉為讀其他領域的書，如此才能更積極去對應。

由於「不適合」的想法，將能更清楚了解自己所不拿手的事。也就是類似產生「既然不適合運動，那麼應該在功課方面更加努力」的想法，而積極朝「適合」的方向前進。

第五章

重視穿著

——改變動作、外觀

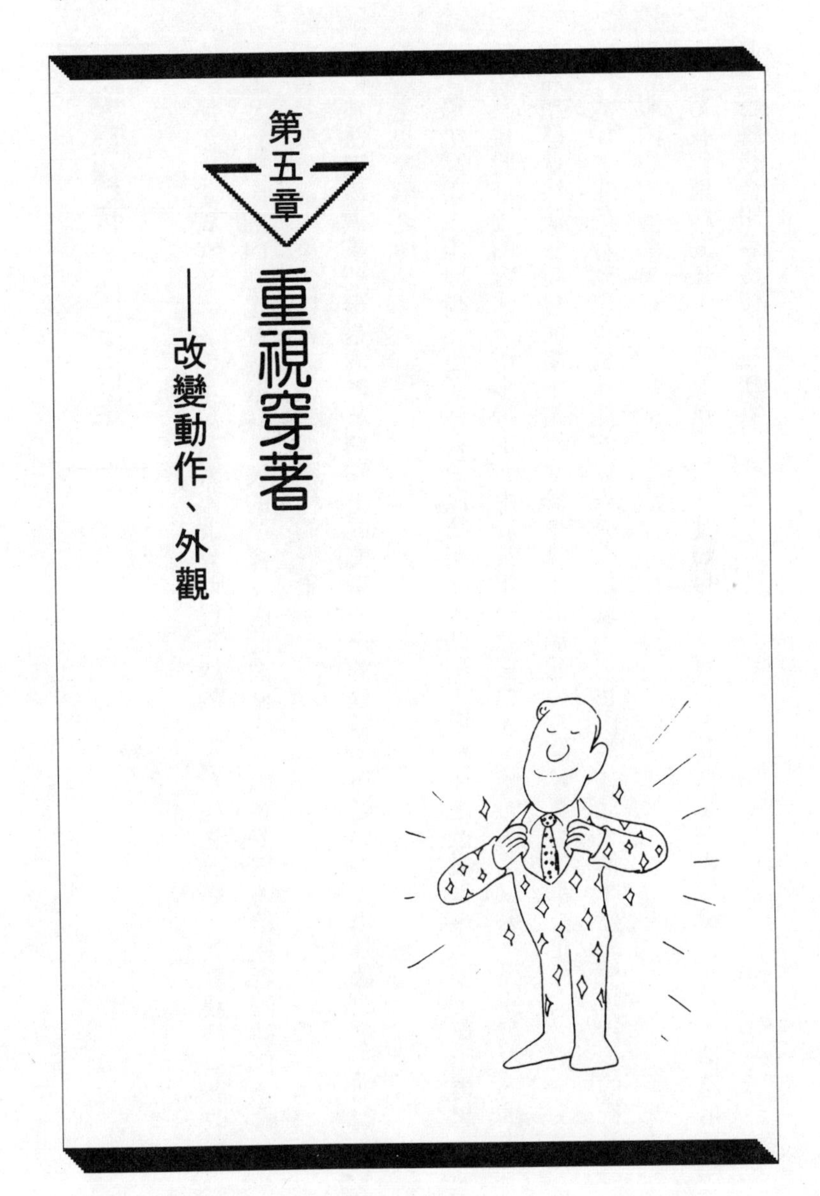

挺直背脊、快步行走

所謂「重視穿著」，則不只是外表改變而已，連內在也會隨之改變。其實我們只要改變外觀及行動，則內心也會接近其外表的模樣。因此消極的人應該多模仿積極者的動作，講究服裝及裝飾品，努力將外表改變成積極的形象。

無法積極做事多半是肉體或精神上的能量缺乏的緣故。可是只要先由外觀改變，則內在的能量也會隨之增高。

象棋高手大山康晴先生，曾有一段時期陷入低潮，但不久之後又恢復水準，東山再起。據說其擺脫低潮的方法是快步行走。由於其年紀愈來愈大，體力明顯衰退，因此每次下棋時都希望能儘快決定勝負而屢下錯棋。於是為了增加體力遂開始實行快步行走。

大山先生的行動確實對體能的恢復大有幫助，但也因為如此，他才能藉快步行走的行為來克服內心的低潮。

當我們情緒高昂，工作氣氛愉快，身體自然會輕盈，動作也隨之敏捷。可是若情緒低落時，行動也會跟著緩慢而無朝氣。

由此看來，精神狀況會反應在肉體上。工作或讀書很順利，身體自然會輕盈，走起路來腰桿也能挺直，且大步行走。

所以不論精神狀況有多惡劣，只要能挺直脊椎，快步行走，則可促進精神活潑化，也能獲得克服困境的力量。

當我還在舊式的都立第四中學（現為戶山高中）唸書時，曾至那須・黑磯的修練場參加為期一星期的集訓。

集訓中，每天早上五點一聽見太鼓聲就必須起床。在那珂川邊淨身，進行乾布摩擦，之後唸誦禱文，吃完麥子做的乾飯後，則必須耕田，到晚上則坐禪。每日不斷地活動，且受嚴厲的鍛鍊，以提升自己的體力及精神，逐漸就能恢復自信。

倘若覺得自己是消極的人，首先應檢討自己日常的行為，可以的話，儘量使一切行動活力化。欲加以改變則可由日常的走路姿勢做起，挺胸快步行走，並且持之以恆。

書信類的簽名儘量字體大且端正

有一次，我與一位小學老師談話時，他說只要看學生寫的考試卷，就可知其性格。

「當然，考試的成績一定會有高低。如果成績好、且字體大的話，表示這個小孩有朝氣，所以不用太過操心。由於這類小孩具有積極性，一定會逐漸進步。」

這確實很有道理。所謂「名詮自性」。寫字縮成一團且字跡小的人，多半是屬於消極且小心眼的人。反之若字大且富有朝氣的話，則代表是大膽且積極的人。尤其在寫自己的姓名時，傾向更加明確。

書法家望月美佐曾表示，他指導學生寫自己的姓名時，一定要求他們寫得端正且帶力道。由於如此，不僅書法能進步，性格上也會變得更堅強。

當我們在寫自己的姓名時，「姓名」便是代表自己的最大象徵。如果字跡有氣無力，則會令人產生怯懦不大方的印象。反之，若書寫有朝氣，則可逐漸改變自己怯懦的形象。

書寫自己姓名的機會很多，例如寫信的簽名即是一例。不管任何場合的簽名都不應隨便，書寫大方且端正，才能使自己成為積極的人。

握手時，應用比對方更強的力量回握

據說，有時美國總統一日要與好幾萬人握手。那時手掌定會腫大，可是總統的地位代表一國的權威。為表示其權威性，與每人握手時都必須用力，因此手掌才會腫大。

在日本，握手是即普通的日常寒暄舉動。政治家則認為，它是利用手的一種肌膚之親，而將握手視為拉票的最佳手段。

同樣是握手的舉動，可是每個人的方法都不相同，有些人只是輕握，有些人卻用力地熱情回應。

聽說美國人可依握手的方式，來判斷對方的意志。這種方式相當有道理。因為握手是與他人初見面時的最初意志表示行為。因此，是處於被動或主動的立場，完全決定於握手。與他人握手時，應以比對方更強的力量回握最好。不管是多麼內向的人，在握手時施加力量是很容易做到的。只是如此，就能確認自我內心想要積極對應的心態，也能促進自己採取實際的行動。

除非對方是女性，否則應用力回握，以讓人感受到您的意志力。

已故的市川房枝女士是女性中握手比較用力的。她的生活模式完全表現於她的握手態度之中。

與人交談時，可配合大動作來加強

不要管身邊所攜帶的東西，麻煩請馬上站起來——體操老師竹腰美代子女士每次參加中老年人的演講會時，都會做如此的測驗。然後她會立刻表示：「好，這樣就好了。」接著又說：「剛才馬上站起來的人表示尚未老化。」

她所指的老化並非指體力，而是指因為精神上的老化而趨向消極的狀況。由於心想「哎，太麻煩」或是考慮「為何要站起來」等理由，動作則會遲緩。

由於過度慎重、多慮，遂無法積極地行動，而且肉體上的熱能不足，無論做任何事都會覺得麻煩，因此在日常的行動中，動作會比較遲緩。例如接電話、他人叫喚、或上司交待工作時，無法靈活地對應。

在比喻各國的國民性時，常會這麼形容。「德國人總是考慮之後才跑，英國人則是一面跑一面想，義大利人是跑出來後才想。」若為了培養積極力，無須像義大利人那麼積極，反而採取英國人的態度比較理想。

為了達成這個目的，平常說話時可利用大動作來加強。例如他人叫您時，不應只是轉頭，而應該將整個身體轉向對方，或是站起來大聲回應，儘量使動作「誇大化」。談話時，可利用雙手的動作來增加聲勢。

一旦肉體上的能量提高，就會產生行動力，而使行動積極化。

遇到阻礙時可虛張聲勢

打麻將或玩撲克牌時，運氣不佳一直輸。看著勝者滿面春風的表情，總令人心生不悅。若在這種情況下開玩笑地說「我真的認輸了、完全投降」的話，多半真的會一直輸下去。

雖然內心感到「我輸了」，但外表則應佯裝著「我不在乎，不可能再輸」的堅定表情，或者裝出怒視對方的表情，通常虛張聲勢所造成的「氣勢」，會產生打擊對方的效果。

換句話說，由於虛張聲勢，反而能提升內心向對方挑戰的能量。假定一時無法克服障礙，但累積多次經驗後，就能夠培養積極力。

中小企業的經營者，多半都很積極，但其積極力是因為經營上之需要所培養出來的。『一直在成長的人善於控制自己』（松本順著），著者針對二十位中小企業經營者的性格所測驗的結果發現，乍看之下具有外向性格的經營者，其本來的性格是屬於內向的。例如，松下幸之助先生年輕時也是如此。

經營中小企業經常遭遇到困難。若每次一遇到困難時，經營者就不知如何是好的話，公司則容易倒閉。由於公司規模小，只要經營者太怯懦、立刻會影響全體員工，而無法順利進行工作。

因此，不管經營者的信心受到多大的打擊，也必須虛張聲勢，表現出堅強的毅力。遇到逆境時，倘若還對自己沒有信心，那麼如何期待客戶與銀行的援助。

如果遇到困難都能夠虛張聲勢，那麼在克服困難的經驗中，必能培養積極力。

我們在處事的過程中，常會碰到「這好像不太容易」的事，而裹足不前。對於消極的人而言，一定立刻退縮。但只要換個角度想「船到橋頭自然直」，而稍微虛張聲勢的話，內心必能湧出克服困境的力量，對應的態度也會變得比較積極。

建立能加強自我形象的「特色」

有位國中老師曾這麼說。

在他所教過的學生之中，有一位學生體型特別魁梧，但內心卻十分軟弱，因此常受其他

培養「上進心」的十條法則　9

簽名、握手、談話時，可輔以大動作來加強。

學生欺侮。某日，這位學生的行徑突然變得很怪異，即他的肩膀內部隆起。問他究竟怎麽回事，只見他含糊地回說：「沒什麽啦！」而避開問題，之後問其他學生才知，原來其肩膀各墊了二條手帕。當時他實在不了解這種作法的用意，心想或許是學生們之間流行的舉動。

然而，這令人無法理解的墊肩遂變成這位學生的特色。因為如此，他被認為是怪人，學生們對他的評估逐漸改變。由於受到矚目，這位學生竟然愈來愈積極。

大家並不清楚這位學生這麽做究竟是刻意還是偶然的作為，或許是偶然發現這麽做很帥，才一直這麽做的吧！

但只是這樣的改變，遂使得他與其他人之間的人際關係產生變化。針對建立特色的方法而言，這樣做的確非常成功。

由這個例子可以發現，建立引入矚目的行動模式、風格或裝飾品等特色，在他人的面前表現時，也可以改變自己本身。

尤其在他人覺得自己是消極的負面情況下，努力改變這種負面的形象，建立積極主動的特色是非常重要的。

在外型上，例如以三七比例將頭髮分邊梳整齊，或者去燙髮、留鬍子、帶特殊的眼鏡等，主動改變形象來表達自我的積極性。

被稱為夜總會之王的福富太郎先生，在其所著的『開運的方法』中，記載著他當服務生的時候，經常以改名或留鬍子等方法來建立自己的特色，因而獲得成功。

像這樣建立新形象來表現自己，他人會依此特色來肯定自己的價值。例如大家一直認為是「內向的Ａ」，在其留鬍子之後，則會被稱為是「留鬍子的Ａ」。

積極在他人面前表現自己的特色後，自己也會因為所擁有的形象而逐漸變得更積極，也就是說，由於受到自我形象的幫助，行動也會愈來愈積極。

拒搭電梯，使身體、心情充滿自信

健康的身體與健康的心理是相輔相成的。凡事消極而無法踏出第一步的人，多半是身體容易疲倦、經常感到不適者居多。

由於肉體的能量不足，精神必定萎靡而無法發揮行動力，結果導致消極的個性。如果您認為自己是消極的人，首先，必須從調養身體開始做起。

然而話雖如此，也不必「過度運動」。只要在日常生活中多掌握活動身體的機會即可。

前面已介紹過的糸川英夫先生，曾舉了一個有趣的例子。

在阿波羅計劃中，負責管理太空人之健康的莫爾浩斯教授，也曾負責經營者的健康管理。然而其中有一位董事長則發表說，由於教授的健康法太過繁複，於是他決定只採取拒搭電梯的行動。

美國的辦公室多半處於高樓。那位董事長的公司位於二十樓以上，所以他決定爬樓梯上班。而且，等大廈的電梯其實是很耗時的。

由於內心焦急，故會吸煙等待電梯，待電梯一到再熄煙搭乘。但改為爬樓梯之後，抽煙量便減少了。且由於爬樓梯使得用餐的時間縮短，因此也可以改善過食的習慣。

另外，因為白天的運動量增加，因此晚上過十點之後就很想睡，所以喝酒的量減少了，也很少出門逛街。結果，很快就恢復健康。由於生活的改變，個性也隨之改變，工作也愈來愈積極。

藉由不搭電梯的舉動而產生的連鎖反應，會影響日常生活中的各種習慣。

既然可以不搭電梯，那麼也可以不搭車，在趕時間時，藉著小跑步來運動，稍微一些改變，就可以為生活帶來正面的節奏。將活動身體列為生活的基本模式，不僅可以調養身體，也可提高工作興致。

看電視時，假想自己如果是主角應該如何對應

會田雄次先生在其著書『決斷的條件』中，強調決斷必須具有直覺力，同時他也舉出一位經營者的實例以說明其訓練法。據說這位經營者每次在看報紙的社會版時，總會隨著事件的發展思考，試想對方換成自己時應該如何對應，並採取不同於當事者的做法。另外，他也揣摩報導這則消息的記者之心態，假想如果是自己，會以什麼方式來表現等，一面閱讀一面思考。會田先生表示，這種訓練法能有效培養直覺力。

這種方法則是一種角色扮演法（職務實演法），不僅能培養下決斷的直覺力，也能培養積極力。所謂角色扮演法是一種心理性的集團療法，廣泛被用於心理法，習慣的改善和教育等方面。

例如推銷員設定各種販賣狀況，有些扮演顧客、有些扮演買方，而努力演好自己的角色。依此設定來實際演出「自己對應的角色」。

一般而言，日常生活中的自我行動容易被拘束而喪失個人的自發性，但角色扮演法可排除束縛。如前所述，當自己在閱讀犯罪事件時，可假想自己是犯人去思考如何應對。看電視

時，也可以猜測主角會採取什麼行動。也就是說，在腦中進行角色扮演的激盪遊戲。

由於不受日常作息所束縛，因此可積極進行「角色扮演」的思考模式。在強烈的「自我」意識下，可使平日因過於完美，裹足不前的消極個性轉為積極。而且由不同的角度來看，這種方法也可獲得模擬的效果。

操縱飛機或汽車的初期訓練階段，會於實際駕駛前利用模擬裝置來進行模擬演習。進行模擬訓練後，實際訓練時的心理抵抗感會減少，另外，若模擬訓練順利進展，則學習的興致必能提高。

看電視時，可試想自己為劇中的主角，譬如身為課長時，會如何處理問題等，平日培養思考的習慣也是一種模擬的訓練。總之，設定比自己目前更高一層的狀況來訓練自我的應對能力。

即使是消極的人，也能輕易在腦中進行角色扮演的思考。例如，看報紙、電視或參加婚禮、宴會時，即使自己不用上台演說，也可以假想「如果我必須上台演講那麼應該怎麼表達」。有需要時可寫備忘，或在心中批評他人的演講。即使遇到相同的狀況，您對應的方式可能與他人有很大的差異。

像這樣在日常生活中刻意安排一些訓練，就可以培養自己積極對應任何事的決斷力，而

培養「上進心」的十條法則 10

看電視或新聞事件時，可假想自己是主角去對應

成為一位積極者。

閱讀時，可畫邊線或記錄心得

作家井上久先生常會買兩本相同的書。由於他有一面閱讀一面寫感想的習慣，所以只買一本書，會造成他再次閱讀上的不便。其實，這種方法是最理想的積極讀書法。通常問消極者「您有何興趣？」時，他們多半會回答「看書」。

但仔細聽其說明之後，會發現其讀法與井上先生大有不同，是屬於比較消極的閱讀方式。何謂消極的閱讀方式？其是指被動的讀書法。也就是說，讀者不會積極去接觸書籍，若以諷刺性的口氣來說，那只不過是一種「沈悶的樂趣」。

可能有人認為，只要閱讀後能得到一些心得即可，但是只「閱讀」、「接受」的動作，一直反覆下去則會產生被動的心態。也就是表示對讀書以外的資訊也無法主動積極去接觸。所以，不要以為讀書是一項輕鬆被動的活動，而應該利用讀書來訓練自己。另外，利用筆記本隨時記錄心得也是方法之一，但由於過程麻煩因此不容易被採用，故可模仿井上先生的方法，直接在書上寫下自己的感想。

總之，努力表達自己的思想。凡事「不輕易表達」或只是「單獨在腦中思考」，即使想法卓越，也無法影響他人。現今多數的公司都會舉辦讓員工做「自我宣傳」的訓練。這是因為企業界開始了解員工若無自我主張，將不受重視。

無須在乎線畫得過多或感想寫得太滿的問題，當我們一面閱讀，一面積極進行吸收的作業時，積極力自然產生。

書看完後以〇×做自我的評估

古巴危機可說是波斯灣戰以前，國際政治中外交談判最典型的例子。由於蘇聯運飛彈支援古巴，因此好像拿刀在美國的喉嚨威脅一般。此時，美國總統甘乃迪表示，若不將飛彈撤除，將宣布全國開戰。

當時，有位支持甘乃迪的美國主婦，對於美國在國外也設置飛彈的指責提出反論，並刊登在報上，我讀後頗有感觸。「我國設在土耳其的飛彈是屬於防衛性的飛彈。但設在古巴的飛彈是攻擊性飛彈！」如此正當化自己的立場，令人覺得有點滑稽。

反觀世界種種現象，像這種武斷和偏見的情況很多。也就是說，正當化自己的立場而否定他人。例如私下吃牛肉，表面上卻主張愛護動物的運動即是最好的典型。

倘若以○×的方式來評估世間事物則過於單純化。但我並非主張這樣的方法是錯誤的。有時，這種評估方式反而能排除陷入猶豫不決的困境。因為每件事都有太多層面要考慮。

例如考上兩所同程度的大學而面臨選擇的困擾。由於校風的不同，學費的差別等，往往會陷入僵局，不知如何選擇。

凡事都會面臨選擇的困境，愈慎重思考的人，愈無法獲得結論。

到最後關頭則無法採取行動。遇到這種情況時，則應採取○×的方式，即用武斷和偏見的態度來評估。

例如讀過的書可以○×進行自我評估。不管是多知名的作家寫的書或是暢銷書，只要自己讀後覺得不好就打×，有興趣就打○。

雖作法武斷有偏見，但如此才能明確表達出自我的意見。而且書買回來後是自己看的，所以評×，著者也不會因而動怒，因此不用顧忌他人的眼光，果敢下決斷吧！

就筆者而言，還會附上一段簡短的評語。在習慣「武斷」的評估之後，就可以文章的形式明確表達自己的意見。

重新整理新聞報導的要點

當我兼任千葉大學附屬小學的校長時，經常與孩子接觸，發現孩子其實也同大人一樣。在觀察孩子的過程中，瞭解到積極與消極的差距其實十分微小。

例如某位低年級老師於課堂上朗讀『十五少年漂流記』的故事。結束時問班上的學生「有沒有人能說出故事大概的內容」，這時多數的學生都會舉手。但老師卻故意叫沒有舉手的人，其目的就是要協助「不積極」的學生培養自信。

「嗯……少年搭上史路基號船……那裡有哥鄧、布里安……還有艾巴森……。」

在老師的眼中，認為比較消極的A同學，只說到這裡就說不下去。雖然能理解內容，但因為過於注重細節（想把十五個人名都記下，這即使大人也不容易做到），結果反而說不完整而沮喪地低著頭。

由於A君是屬於容易將小事視為嚴重大事的「幼小完美主義」，因此他雖有能力，卻無法完整地回答→無法發表→想到這次可能又講得很差→不舉手→導致愈來愈消極……終於陷入惡循環的困境。反觀積極的學生站起來發表時，都可「大略地」說出內容。「十五位少年在海上迷失了方向，彼此互相幫助……經過二年後，終於平安回到家中」。其實大人的情況基本上也是如此。

消極者並非因為沒有能力才變成消極的，而是希望追求更完美的結果，才一直無法積極地採取行動。

有此傾向者，在看報紙、電視節目、小說時，應培養整理要點的習慣。但此並非為了提出報告，因此不必寫備忘或文章。只要自我詢問「大體的內容如何」，並加以回答即可。

在反覆練習的過程中，會發現不管多複雜的內容，整理時並不似想像中那麼困難，而且也能了解所謂「比他人的要求更詳細的表達」是不必要的。

這正證明只要利用自己身邊的材料，「掌握大綱」地表達，排除執著於事物細節的完美主義傾向，做任何事都容易邁出第一步。

發生過的事，認為可能會再發生時，則必須考慮因應對策

假設您完全不會喝酒，可是昨夜卻必須陪上司一起招待客戶。即所謂的應酬。但翌日竟遭上司責罵「你不應該在客戶面前做出失禮的行為」，而令自己感到莫名其妙。即使詢問

「究竟什麼地方做錯」，也只見上司不悅地表示「回去好好想清楚」。

其實在學生時代，也可能發生同樣的經驗。例如參加社團聚會，學長無故地在衆人面前告訴自己「應該要多用大腦」。當時，並不知道為何被罵。然而雖不明原因，仍想著「只要勤於替人倒酒」或「假裝喝酒」就行了，所以工作以來，一直都很認真勤奮。

但即使認真仍招罵。在這種狀況下，如果您感到沮喪或抱怨，則昨夜「失敗的體驗」將不會帶給您任何的啟示。而只會打擊士氣，使得原本消極的人更加消極。

遇到這樣的問題時，可試著想想學生時代的經驗和一些生活常識，看看是否與昨夜的行為有關。也就是說，在反省這些事件時，必須配合思考過去所獲得的相關資訊或是酒席上的禮儀規範。

簡單地表示，就是思考「下次再遇到同樣的問題時，應該如何對應」。

運用常識仔細思考後會發現，當顧客還在喝酒時，自己就先點餐的行為是非常不禮貌的。一旦發現癥結之所在，問題便迎刃而解。若因挨罵而意氣消沈，將無法發現單純的道理。

假定曾發生過「失敗的體驗」，那麼應事先考慮可能再發生時的因應對策。唯有靈活運用知識與體驗，才能獲得下次行動的積極力。

大展出版社有限公司	圖書目錄
地址：台北市北投區11204 致遠一路二段12巷1號 郵撥： 0166955～1	電話：(02) 8236031 8236033 傳眞：(02) 8272069

• 法律專欄連載 • 電腦編號 58

台大法學院 法律學系／策劃
法律服務社／編著

①別讓您的權利睡著了[1]	200元
②別讓您的權利睡著了[2]	200元

• 秘傳占卜系列 • 電腦編號 14

①手相術	淺野八郎著	150元
②人相術	淺野八郎著	150元
③西洋占星術	淺野八郎著	150元
④中國神奇占卜	淺野八郎著	150元
⑤夢判斷	淺野八郎著	150元
⑥前世、來世占卜	淺野八郎著	150元
⑦法國式血型學	淺野八郎著	150元
⑧靈感、符咒學	淺野八郎著	150元
⑨紙牌占卜學	淺野八郎著	150元
⑩ＥＳＰ超能力占卜	淺野八郎著	150元
⑪猶太數的秘術	淺野八郎著	150元
⑫新心理測驗	淺野八郎著	160元
⑬塔羅牌預言秘法	淺野八郎著	200元

• 趣味心理講座 • 電腦編號 15

①性格測驗１	探索男與女	淺野八郎著	140元
②性格測驗２	透視人心奧秘	淺野八郎著	140元
③性格測驗３	發現陌生的自己	淺野八郎著	140元
④性格測驗４	發現你的真面目	淺野八郎著	140元
⑤性格測驗５	讓你們吃驚	淺野八郎著	140元
⑥性格測驗６	洞穿心理盲點	淺野八郎著	140元
⑦性格測驗７	探索對方心理	淺野八郎著	140元
⑧性格測驗８	由吃認識自己	淺野八郎著	160元

⑨性格測驗9	戀愛知多少	淺野八郎著	160元
⑩性格測驗10	由裝扮瞭解人心	淺野八郎著	160元
⑪性格測驗11	敲開內心玄機	淺野八郎著	140元
⑫性格測驗12	透視你的未來	淺野八郎著	160元
⑬血型與你的一生		淺野八郎著	160元
⑭趣味推理遊戲		淺野八郎著	160元
⑮行為語言解析		淺野八郎著	160元

・婦 幼 天 地・電腦編號 16

①八萬人減肥成果	黃靜香譯	180元
②三分鐘減肥體操	楊鴻儒譯	150元
③窈窕淑女美髮秘訣	柯素娥譯	130元
④使妳更迷人	成 玉譯	130元
⑤女性的更年期	官舒妍編譯	160元
⑥胎內育兒法	李玉瓊編譯	150元
⑦早產兒袋鼠式護理	唐岱蘭譯	200元
⑧初次懷孕與生產	婦幼天地編譯組	180元
⑨初次育兒12個月	婦幼天地編譯組	180元
⑩斷乳食與幼兒食	婦幼天地編譯組	180元
⑪培養幼兒能力與性向	婦幼天地編譯組	180元
⑫培養幼兒創造力的玩具與遊戲	婦幼天地編譯組	180元
⑬幼兒的症狀與疾病	婦幼天地編譯組	180元
⑭腿部苗條健美法	婦幼天地編譯組	180元
⑮女性腰痛別忽視	婦幼天地編譯組	150元
⑯舒展身心體操術	李玉瓊編譯	130元
⑰三分鐘臉部體操	趙薇妮著	160元
⑱生動的笑容表情術	趙薇妮著	160元
⑲心曠神怡減肥法	川津祐介著	130元
⑳內衣使妳更美麗	陳玄茹譯	130元
㉑瑜伽美姿美容	黃靜香編著	180元
㉒高雅女性裝扮學	陳珮玲譯	180元
㉓蠶糞肌膚美顏法	坂梨秀子著	160元
㉔認識妳的身體	李玉瓊譯	160元
㉕產後恢復苗條體態	居理安・芙萊喬著	200元
㉖正確護髮美容法	山崎伊久江著	180元
㉗安琪拉美姿養生學	安琪拉蘭斯博瑞著	180元
㉘女體性醫學剖析	增田豐著	220元
㉙懷孕與生產剖析	岡部綾子著	180元
㉚斷奶後的健康育兒	東城百合子著	220元
㉛引出孩子幹勁的責罵藝術	多湖輝著	170元

㉜培養孩子獨立的藝術	多湖輝著	170元
㉝子宮肌瘤與卵巢囊腫	陳秀琳編著	180元
㉞下半身減肥法	納他夏・史達賓著	180元
㉟女性自然美容法	吳雅菁編著	180元
㊱再也不發胖	池園悅太郎著	170元
㊲生男生女控制術	中垣勝裕著	220元
㊳使妳的肌膚更亮麗	楊　皓編著	170元
㊴臉部輪廓變美	芝崎義夫著	180元
㊵斑點、皺紋自己治療	高須克彌著	180元
㊶面皰自己治療	伊藤雄康著	180元
㊷隨心所欲瘦身冥想法	原久子著	180元
㊸胎兒革命	鈴木丈織著	180元
㊹NS磁氣平衡法塑造窈窕奇蹟	古屋和江著	180元
㊺享瘦從腳開始	山田陽子著	180元
㊻小改變瘦4公斤	宮本裕子著	180元

・青春天地・電腦編號17

①A血型與星座	柯素娥編譯	160元
②B血型與星座	柯素娥編譯	160元
③O血型與星座	柯素娥編譯	160元
④AB血型與星座	柯素娥編譯	120元
⑤青春期性教室	呂貴嵐編譯	130元
⑥事半功倍讀書法	王毅希編譯	150元
⑦難解數學破題	宋釗宜編譯	130元
⑧速算解題技巧	宋釗宜編譯	130元
⑨小論文寫作秘訣	林顯茂編譯	120元
⑪中學生野外遊戲	熊谷康編著	120元
⑫恐怖極短篇	柯素娥編譯	130元
⑬恐怖夜話	小毛驢編譯	130元
⑭恐怖幽默短篇	小毛驢編譯	120元
⑮黑色幽默短篇	小毛驢編譯	120元
⑯靈異怪談	小毛驢編譯	130元
⑰錯覺遊戲	小毛驢編譯	130元
⑱整人遊戲	小毛驢編著	150元
⑲有趣的超常識	柯素娥編譯	130元
⑳哦！原來如此	林慶旺編譯	130元
㉑趣味競賽100種	劉名揚編譯	120元
㉒數學謎題入門	宋釗宜編譯	150元
㉓數學謎題解析	宋釗宜編譯	150元
㉔透視男女心理	林慶旺編譯	120元

㉕少女情懷的自白	李桂蘭編譯	120元
㉖由兄弟姊妹看命運	李玉瓊編譯	130元
㉗趣味的科學魔術	林慶旺編譯	150元
㉘趣味的心理實驗室	李燕玲編譯	150元
㉙愛與性心理測驗	小毛驢編譯	130元
㉚刑案推理解謎	小毛驢編譯	130元
㉛偵探常識推理	小毛驢編譯	130元
㉜偵探常識解謎	小毛驢編譯	130元
㉝偵探推理遊戲	小毛驢編譯	130元
㉞趣味的超魔術	廖玉山編著	150元
㉟趣味的珍奇發明	柯素娥編著	150元
㊱登山用具與技巧	陳瑞菊編著	150元

•健 康 天 地• 電腦編號 18

①壓力的預防與治療	柯素娥編譯	130元
②超科學氣的魔力	柯素娥編譯	130元
③尿療法治病的神奇	中尾良一著	130元
④鐵證如山的尿療法奇蹟	廖玉山譯	120元
⑤一日斷食健康法	葉慈容編譯	150元
⑥胃部強健法	陳炳崑譯	120元
⑦癌症早期檢查法	廖松濤譯	160元
⑧老人痴呆症防止法	柯素娥編譯	130元
⑨松葉汁健康飲料	陳麗芬編譯	130元
⑩揉肚臍健康法	永井秋夫著	150元
⑪過勞死、猝死的預防	卓秀貞編譯	130元
⑫高血壓治療與飲食	藤山順豐著	150元
⑬老人看護指南	柯素娥編譯	150元
⑭美容外科淺談	楊啟宏著	150元
⑮美容外科新境界	楊啟宏著	150元
⑯鹽是天然的醫生	西英司郎著	140元
⑰年輕十歲不是夢	梁瑞麟譯	200元
⑱茶料理治百病	桑野和民著	180元
⑲綠茶治病寶典	桑野和民著	150元
⑳杜仲茶養顏減肥法	西田博著	150元
㉑蜂膠驚人療效	瀨長良三郎著	180元
㉒蜂膠治百病	瀨長良三郎著	180元
㉓醫藥與生活	鄭炳全著	180元
㉔鈣長生寶典	落合敏著	180元
㉕大蒜長生寶典	木下繁太郎著	160元
㉖居家自我健康檢查	石川恭三著	160元

㉗永恒的健康人生	李秀鈴譯	200元
㉘大豆卵磷脂長生寶典	劉雪卿譯	150元
㉙芳香療法	梁艾琳譯	160元
㉚醋長生寶典	柯素娥譯	180元
㉛從星座透視健康	席拉・吉蒂斯著	180元
㉜愉悅自在保健學	野本二士夫著	160元
㉝裸睡健康法	丸山淳士等著	160元
㉞糖尿病預防與治療	藤田順豐著	180元
㉟維他命長生寶典	菅原明子著	180元
㊱維他命C新效果	鐘文訓編	150元
㊲手、腳病理按摩	堤芳朗著	160元
㊳AIDS瞭解與預防	彼得塔歇爾著	180元
㊴甲殼質殼聚糖健康法	沈永嘉譯	160元
㊵神經痛預防與治療	木下眞男著	160元
㊶室內身體鍛鍊法	陳炳崑編著	160元
㊷吃出健康藥膳	劉大器編著	180元
㊸自我指壓術	蘇燕謀編著	160元
㊹紅蘿蔔汁斷食療法	李玉瓊編著	150元
㊺洗心術健康秘法	竺翠萍編譯	170元
㊻枇杷葉健康療法	柯素娥編譯	180元
㊼抗衰血癒	楊啟宏著	180元
㊽與癌搏鬥記	逸見政孝著	180元
㊾冬蟲夏草長生寶典	高橋義博著	170元
㊿痔瘡・大腸疾病先端療法	宮島伸宜著	180元
51膠布治癒頑固慢性病	加瀨建造著	180元
52芝麻神奇健康法	小林貞作著	170元
53香煙能防止癡呆？	高田明和著	180元
54穀菜食治癌療法	佐藤成志著	180元
55貼藥健康法	松原英多著	180元
56克服癌症調和道呼吸法	帶津良一著	180元
57Ｂ型肝炎預防與治療	野村喜重郎著	180元
58青春永駐養生導引術	早島正雄著	180元
59改變呼吸法創造健康	原久子著	180元
60荷爾蒙平衡養生秘訣	出村博著	180元
61水美肌健康法	井戶勝富著	170元
62認識食物掌握健康	廖梅珠編著	170元
63痛風劇痛消除法	鈴木吉彥著	180元
64酸莖菌驚人療效	上田明彥著	180元
65大豆卵磷脂治現代病	神津健一著	200元
66時辰療法——危險時刻凌晨４時	呂建強等著	180元
67自然治癒力提升法	帶津良一著	180元

⑱巧妙的氣保健法	藤平墨子著	180元
⑲治癒C型肝炎	熊田博光著	180元
⑳肝臟病預防與治療	劉名揚編著	180元
㉑腰痛平衡療法	荒井政信著	180元
㉒根治多汗症、狐臭	稻葉益巳著	220元
㉓40歲以後的骨質疏鬆症	沈永嘉譯	180元
㉔認識中藥	松下一成著	180元
㉕認識氣的科學	佐佐木茂美著	180元
㉖我戰勝了癌症	安田伸著	180元
㉗斑點是身心的危險信號	中野進著	180元
㉘艾波拉病毒大震撼	玉川重德著	180元
㉙重新還我黑髮	桑名隆一郎著	180元
㉚身體節律與健康	林博史著	180元
㉛生薑治萬病	石原結實著	180元
㉜靈芝治百病	陳瑞東著	180元
㉝木炭驚人的威力	大槻彰著	200元
㉞認識活性氧	井土貴司著	180元
㉟深海鮫治百病	廖玉山編著	180元
㊱神奇的蜂王乳	井上丹治著	180元

•實用女性學講座• 電腦編號 19

①解讀女性內心世界	島田一男著	150元
②塑造成熟的女性	島田一男著	150元
③女性整體裝扮學	黃靜香編著	180元
④女性應對禮儀	黃靜香編著	180元
⑤女性婚前必修	小野十傳著	200元
⑥徹底瞭解女人	田口二州著	180元
⑦拆穿女性謊言88招	島田一男著	200元
⑧解讀女人心	島田一男著	200元
⑨俘獲女性絕招	志賀貢著	200元

•校 園 系 列• 電腦編號 20

①讀書集中術	多湖輝著	150元
②應考的訣竅	多湖輝著	150元
③輕鬆讀書贏得聯考	多湖輝著	150元
④讀書記憶秘訣	多湖輝著	150元
⑤視力恢復！超速讀術	江錦雲譯	180元
⑥讀書36計	黃柏松編著	180元
⑦驚人的速讀術	鐘文訓編著	170元

⑧學生課業輔導良方	多湖輝著	180元
⑨超速讀超記憶法	廖松濤編著	180元
⑩速算解題技巧	宋釗宜編著	200元
⑪看圖學英文	陳炳崑編著	200元

• 實用心理學講座 • 電腦編號 21

①拆穿欺騙伎倆	多湖輝著	140元
②創造好構想	多湖輝著	140元
③面對面心理術	多湖輝著	160元
④偽裝心理術	多湖輝著	140元
⑤透視人性弱點	多湖輝著	140元
⑥自我表現術	多湖輝著	180元
⑦不可思議的人性心理	多湖輝著	180元
⑧催眠術入門	多湖輝著	150元
⑨責罵部屬的藝術	多湖輝著	150元
⑩精神力	多湖輝著	150元
⑪厚黑說服術	多湖輝著	150元
⑫集中力	多湖輝著	150元
⑬構想力	多湖輝著	150元
⑭深層心理術	多湖輝著	160元
⑮深層語言術	多湖輝著	160元
⑯深層說服術	多湖輝著	180元
⑰掌握潛在心理	多湖輝著	160元
⑱洞悉心理陷阱	多湖輝著	180元
⑲解讀金錢心理	多湖輝著	180元
⑳拆穿語言圈套	多湖輝著	180元
㉑語言的內心玄機	多湖輝著	180元
㉒積極力	多湖輝著	180元

• 超現實心理講座 • 電腦編號 22

①超意識覺醒法	詹蔚芬編譯	130元
②護摩秘法與人生	劉名揚編譯	130元
③秘法！超級仙術入門	陸　明譯	150元
④給地球人的訊息	柯素娥編著	150元
⑤密教的神通力	劉名揚編著	130元
⑥神秘奇妙的世界	平川陽一著	180元
⑦地球文明的超革命	吳秋嬌譯	200元
⑧力量石的秘密	吳秋嬌譯	180元
⑨超能力的靈異世界	馬小莉譯	200元

⑩逃離地球毀滅的命運	吳秋嬌譯	200元
⑪宇宙與地球終結之謎	南山宏著	200元
⑫驚世奇功揭秘	傅起鳳著	200元
⑬啟發身心潛力心象訓練法	栗田昌裕著	180元
⑭仙道術遁甲法	高藤聰一郎著	220元
⑮神通力的秘密	中岡俊哉著	180元
⑯仙人成仙術	高藤聰一郎著	200元
⑰仙道符咒氣功法	高藤聰一郎著	220元
⑱仙道風水術尋龍法	高藤聰一郎著	200元
⑲仙道奇蹟超幻像	高藤聰一郎著	200元
⑳仙道鍊金術房中法	高藤聰一郎著	200元
㉑奇蹟超醫療治癒難病	深野一幸著	220元
㉒揭開月球的神秘力量	超科學研究會	180元
㉓西藏密教奧義	高藤聰一郎著	250元
㉔改變你的夢術入門	高藤聰一郎著	250元

・養 生 保 健・電腦編號 23

①醫療養生氣功	黃孝寬著	250元
②中國氣功圖譜	余功保著	230元
③少林醫療氣功精粹	井玉蘭著	250元
④龍形實用氣功	吳大才等著	220元
⑤魚戲增視強身氣功	宮　嬰著	220元
⑥嚴新氣功	前新培金著	250元
⑦道家玄牝氣功	張　章著	200元
⑧仙家秘傳袪病功	李遠國著	160元
⑨少林十大健身功	秦慶豐著	180元
⑩中國自控氣功	張明武著	250元
⑪醫療防癌氣功	黃孝寬著	250元
⑫醫療強身氣功	黃孝寬著	250元
⑬醫療點穴氣功	黃孝寬著	250元
⑭中國八卦如意功	趙維漢著	180元
⑮正宗馬禮堂養氣功	馬禮堂著	420元
⑯秘傳道家筋經內丹功	王慶餘著	280元
⑰三元開慧功	辛桂林著	250元
⑱防癌治癌新氣功	郭　林著	180元
⑲禪定與佛家氣功修煉	劉天君著	200元
⑳顛倒之術	梅自強著	360元
㉑簡明氣功辭典	吳家駿編	360元
㉒八卦三合功	張全亮著	230元
㉓朱砂掌健身養生功	楊　永著	250元

㉔抗老功	陳九鶴著	230元

・社會人智囊・電腦編號24

①糾紛談判術	清水增三著	160元
②創造關鍵術	淺野八郎著	150元
③觀人術	淺野八郎著	180元
④應急詭辯術	廖英迪編著	160元
⑤天才家學習術	木原武一著	160元
⑥猫型狗式鑑人術	淺野八郎著	180元
⑦逆轉運掌握術	淺野八郎著	180元
⑧人際圓融術	澀谷昌三著	160元
⑨解讀人心術	淺野八郎著	180元
⑩與上司水乳交融術	秋元隆司著	180元
⑪男女心態定律	小田晉著	180元
⑫幽默說話術	林振輝編著	200元
⑬人能信賴幾分	淺野八郎著	180元
⑭我一定能成功	李玉瓊譯	180元
⑮獻給青年的嘉言	陳蒼杰譯	180元
⑯知人、知面、知其心	林振輝編著	180元
⑰塑造堅強的個性	坂上肇著	180元
⑱爲自己而活	佐藤綾子著	180元
⑲未來十年與愉快生活有約	船井幸雄著	180元
⑳超級銷售話術	杜秀卿譯	180元
㉑感性培育術	黃靜香編著	180元
㉒公司新鮮人的禮儀規範	蔡媛惠譯	180元
㉓傑出職員鍛鍊術	佐佐木正著	180元
㉔面談獲勝戰略	李芳黛譯	180元
㉕金玉良言撼人心	森純大著	180元
㉖男女幽默趣典	劉華亭編著	180元
㉗機智說話術	劉華亭編著	180元
㉘心理諮商室	柯素娥譯	180元
㉙如何在公司峥嶸頭角	佐佐木正著	180元
㉚機智應對術	李玉瓊編著	200元
㉛克服低潮良方	坂野雄二著	180元
㉜智慧型說話技巧	沈永嘉編著	180元
㉝記憶力、集中力增進術	廖松濤編著	180元
㉞女職員培育術	林慶旺編著	180元
㉟自我介紹與社交禮儀	柯素娥編著	180元
㊱積極生活創幸福	田中真澄著	180元
㊲妙點子超構想	多湖輝著	180元

・精 選 系 列・電腦編號25

①毛澤東與鄧小平	渡邊利夫等著	280元
②中國大崩裂	江戶介雄著	180元
③台灣・亞洲奇蹟	上村幸治著	220元
④7-ELEVEN高盈收策略	國友隆一著	180元
⑤台灣獨立（新・中國日本戰爭一）	森 詠著	200元
⑥迷失中國的末路	江戶雄介著	220元
⑦2000年5月全世界毀滅	紫藤甲子男著	180元
⑧失去鄧小平的中國	小島朋之著	220元
⑨世界史爭議性異人傳	桐生操著	200元
⑩淨化心靈享人生	松濤弘道著	220元
⑪人生心情診斷	賴藤和寬著	220元
⑫中美大決戰	檜山良昭著	220元
⑬黃昏帝國美國	莊雯琳譯	220元
⑭兩岸衝突（新・中國日本戰爭二）	森 詠著	220元
⑮封鎖台灣（新・中國日本戰爭三）	森 詠著	220元
⑯中國分裂（新・中國日本戰爭四）	森 詠著	220元

・運 動 遊 戲・電腦編號26

①雙人運動	李玉瓊譯	160元
②愉快的跳繩運動	廖玉山譯	180元
③運動會項目精選	王佑京譯	150元
④肋木運動	廖玉山譯	150元
⑤測力運動	王佑宗譯	150元

・休 閒 娛 樂・電腦編號27

①海水魚飼養法	田中智浩著	300元
②金魚飼養法	曾雪玫譯	250元
③熱門海水魚	毛利匡明著	480元
④愛犬的教養與訓練	池田好雄著	250元
⑤狗教養與疾病	杉浦哲著	220元
⑥小動物養育技巧	三上昇著	300元

・銀髮族智慧學・電腦編號28

①銀髮六十樂逍遙	多湖輝著	170元
②人生六十反年輕	多湖輝著	170元

③六十歲的決斷　多湖輝著　170元
④銀髮族健身指南　孫瑞台編著　250元

•飲 食 保 健•電腦編號 29

①自己製作健康茶　大海淳著　220元
②好吃、具藥效茶料理　德永睦子著　220元
③改善慢性病健康藥草茶　吳秋嬌譯　200元
④藥酒與健康果菜汁　成玉編著　250元
⑤家庭保健養生湯　馬汴梁編著　220元
⑥降低膽固醇的飲食　早川和志著　200元
⑦女性癌症的飲食　女子營養大學　280元
⑧痛風者的飲食　女子營養大學　280元
⑨貧血者的飲食　女子營養大學　280元
⑩高脂血症者的飲食　女子營養大學　280元

•家庭醫學保健•電腦編號 30

①女性醫學大全　雨森良彥著　380元
②初爲人父育兒寶典　小瀧周曹著　220元
③性活力強健法　相建華著　220元
④30歲以上的懷孕與生產　李芳黛編著　220元
⑤舒適的女性更年期　野末悅子著　200元
⑥夫妻前戲的技巧　笠井寬司著　200元
⑦病理足穴按摩　金慧明著　220元
⑧爸爸的更年期　河野孝旺著　200元
⑨橡皮帶健康法　山田晶著　180元
⑩33天健美減肥　相建華等著　180元
⑪男性健美入門　孫玉祿編著　180元
⑫強化肝臟秘訣　主婦の友社編　200元
⑬了解藥物副作用　張果馨譯　200元
⑭女性醫學小百科　松山榮吉著　200元
⑮左轉健康法　龜田修等著　200元
⑯實用天然藥物　鄭炳全編著　260元
⑰神秘無痛平衡療法　林宗駛著　180元
⑱膝蓋健康法　張果馨譯　180元
⑲針灸治百病　葛書翰著　250元
⑳異位性皮膚炎治癒法　吳秋嬌譯　220元
㉑禿髮白髮預防與治療　陳炳崑編著　180元
㉒埃及皇宮菜健康法　飯森薰著　200元
㉓肝臟病安心治療　上野幸久著　220元

㉔耳穴治百病　陳抗美等著　250元
㉕高效果指壓法　五十嵐康彥著　200元
㉖瘦水、胖水　鈴木園子著　200元
㉗手針新療法　朱振華著　200元
㉘香港腳預防與治療　劉小惠譯　200元
㉙智慧飲食吃出健康　柯富陽編著　200元
㉚牙齒保健法　廖玉山編著　200元

・超經營新智慧・電腦編號 31

①躍動的國家越南　林雅倩譯　250元
②甦醒的小龍菲律賓　林雅倩譯　220元

・心 靈 雅 集・電腦編號 00

①禪言佛語看人生　松濤弘道著　180元
②禪密教的奧秘　葉逯謙譯　120元
③觀音大法力　田口日勝著　120元
④觀音法力的大功德　田口日勝著　120元
⑤達摩禪106智慧　劉華亭編譯　220元
⑥有趣的佛教研究　葉逯謙編譯　170元
⑦夢的開運法　蕭京凌譯　130元
⑧禪學智慧　柯素娥編譯　130元
⑨女性佛教入門　許俐萍譯　110元
⑩佛像小百科　心靈雅集編譯組　130元
⑪佛教小百科趣談　心靈雅集編譯組　120元
⑫佛教小百科漫談　心靈雅集編譯組　150元
⑬佛教知識小百科　心靈雅集編譯組　150元
⑭佛學名言智慧　松濤弘道著　220元
⑮釋迦名言智慧　松濤弘道著　220元
⑯活人禪　平田精耕著　120元
⑰坐禪入門　柯素娥編譯　150元
⑱現代禪悟　柯素娥編譯　130元
⑲道元禪師語錄　心靈雅集編譯組　130元
⑳佛學經典指南　心靈雅集編譯組　130元
㉑何謂「生」　阿含經　心靈雅集編譯組　150元
㉒一切皆空　般若心經　心靈雅集編譯組　150元
㉓超越迷惘　法句經　心靈雅集編譯組　180元
㉔開拓宇宙觀　華嚴經　心靈雅集編譯組　180元
㉕真實之道　法華經　心靈雅集編譯組　130元
㉖自由自在　涅槃經　心靈雅集編譯組　130元

㉗沈默的教示　維摩經	心靈雅集編譯組	150元
㉘開通心眼　佛語佛戒	心靈雅集編譯組	130元
㉙揭秘寶庫　密教經典	心靈雅集編譯組	180元
㉚坐禪與養生	廖松濤譯	110元
㉛釋尊十戒	柯素娥編譯	120元
㉜佛法與神通	劉欣如編著	120元
㉝悟（正法眼藏的世界）	柯素娥編譯	120元
㉞只管打坐	劉欣如編著	120元
㉟喬答摩・佛陀傳	劉欣如編著	120元
㊱唐玄奘留學記	劉欣如編著	120元
㊲佛教的人生觀	劉欣如編譯	110元
㊳無門關（上卷）	心靈雅集編譯組	150元
㊴無門關（下卷）	心靈雅集編譯組	150元
㊵業的思想	劉欣如編著	130元
㊶佛法難學嗎	劉欣如著	140元
㊷佛法實用嗎	劉欣如著	140元
㊸佛法殊勝嗎	劉欣如著	140元
㊹因果報應法則	李常傳編	180元
㊺佛教醫學的奧秘	劉欣如編著	150元
㊻紅塵絕唱	海　若著	130元
㊼佛教生活風情	洪丕謨、姜玉珍著	220元
㊽行住坐臥有佛法	劉欣如著	160元
㊾起心動念是佛法	劉欣如著	160元
㊿四字禪語	曹洞宗青年會	200元
51妙法蓮華經	劉欣如編著	160元
52根本佛教與大乘佛教	葉作森編	180元
53大乘佛經	定方晟著	180元
54須彌山與極樂世界	定方晟著	180元
55阿闍世的悟道	定方晟著	180元
56金剛經的生活智慧	劉欣如著	180元

・經營管理・電腦編號 01

◎創新經營六十六大計（精）	蔡弘文編	780元
①如何獲取生意情報	蘇燕謀譯	110元
②經濟常識問答	蘇燕謀譯	130元
④台灣商戰風雲錄	陳中雄著	120元
⑤推銷大王秘錄	原一平著	180元
⑥新創意・賺大錢	王家成譯	90元
⑦工廠管理新手法	琪　輝著	120元
⑨經營參謀	柯順隆譯	120元

⑩美國實業24小時　柯順隆譯　80元
⑪撼動人心的推銷法　原一平著　150元
⑫高竿經營法　蔡弘文編　120元
⑬如何掌握顧客　柯順隆譯　150元
⑰一流的管理　蔡弘文編　150元
⑱外國人看中韓經濟　劉華亭譯　150元
⑳突破商場人際學　林振輝編著　90元
㉒如何使女人打開錢包　林振輝編著　100元
㉔小公司經營策略　王嘉誠著　160元
㉕成功的會議技巧　鐘文訓編譯　100元
㉖新時代老闆學　黃柏松編著　100元
㉗如何創造商場智囊團　林振輝編譯　150元
㉘十分鐘推銷術　林振輝編譯　180元
㉙五分鐘育才　黃柏松編譯　100元
㉝自我經濟學　廖松濤編譯　100元
㉞一流的經營　陶田生編著　120元
㉟女性職員管理術　王昭國編譯　120元
㊱ＩＢＭ的人事管理　鐘文訓編譯　150元
㊲現代電腦常識　王昭國編譯　150元
㊳電腦管理的危機　鐘文訓編譯　120元
㊴如何發揮廣告效果　王昭國編譯　150元
㊵最新管理技巧　王昭國編譯　150元
㊶一流推銷術　廖松濤編譯　150元
㊷包裝與促銷技巧　王昭國編譯　130元
㊸企業王國指揮塔　松下幸之助著　120元
㊹企業精銳兵團　松下幸之助著　120元
㊺企業人事管理　松下幸之助著　100元
㊻華僑經商致富術　廖松濤編譯　130元
㊼豐田式銷售技巧　廖松濤編譯　180元
㊽如何掌握銷售技巧　王昭國編著　130元
㊿洞燭機先的經營　鐘文訓編譯　150元
52新世紀的服務業　鐘文訓編譯　100元
53成功的領導者　廖松濤編譯　120元
54女推銷員成功術　李玉瓊編譯　130元
55ＩＢＭ人才培育術　鐘文訓編譯　100元
56企業人自我突破法　黃琪輝編著　150元
58財富開發術　蔡弘文編著　130元
59成功的店舖設計　鐘文訓編著　150元
61企管回春法　蔡弘文編著　130元
62小企業經營指南　鐘文訓編譯　100元
63商場致勝名言　鐘文訓編譯　150元

大展好書　好書大展